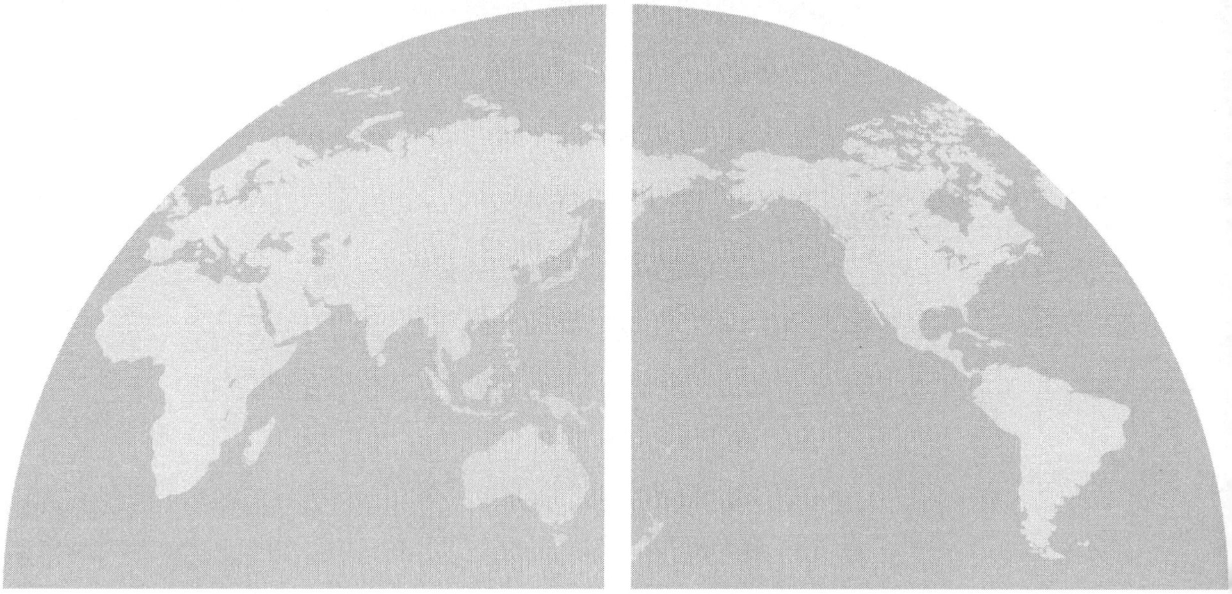

항공사 객실승무원 지망생을 위한

Image Making

정희용 | 조주은

새로미

책 머리에...

이미지메이킹(Image Making)은 정보화시대에 따른 현장중심형 인재양성이란 목표아래 실용 학문으로서의 필요성을 느끼고 대학 교과과정으로 개설되기 시작하였다. 실제로 대다수의 사람들은 이미지메이킹을 단순히 외적인 모습을 가꾸기 위한 것으로만 알고 있다. 그러나 우리 학생들은 이미지메이킹 교과목을 통해 긍정적인 자아상을 확립하고 원만한 대인관계를 위해 개개인의 사고와 행동의 변화를 추구하게 될 것이다. 즉 밝은 이미지 창출을 통해 기업체 면접에서 성공적인 결과를 얻기 위한 전략이 본 교과목의 목표이다.

본 교재에서는 인문학과 실용적 방법을 접목시키기 위하여 다음과 같이 구성하였다.

1편에서는 내적 이미지메이킹을 위해 개인의 이미지 분석과 서비스 마인드 및 서비스 대화법을 통해 인성과 사회매너를 숙지시킨다.

Preface

2편에서는 패션과 스타일, 메이크업을 통해 외적인 이미지메이킹을 위한 방법과 도구를 익힌다.

본 교재가 취업준비생들에게 긍정적 이미지 향상으로 경쟁력 있는 직장인으로서 성장하는데 기여할 수 있게 되기를 바란다.

2016년 2월

저자일동

이 책의 차례

제1편
내 적 이미지메이킹 전 략

Contents

제2편 외적 이미지메이킹 전략

부록 항공사별 채용 분석

제1편

내 적 이미지메이킹 전 략

제1장 이미지 분석

1. 이미지 란?

이미지(Image)에 대한 사전적 의미는 무엇과 닮은 모습으로 마음 속에 그려지는 "상(象)"을 뜻한다. 즉, 어떤 사물이나 대상에 대하여 개인의 지각을 통해서 의미화 되고, 연상에 의해서 형성되고 각인된다는 것이다. 이미지(Image)라는 것이 시각적 구성의 모든 요소를 통합한 전체라고 볼 때, 특별한 경험이 없어도 개인의 인식 속에서 만들어지기도 한다. 그러므로 자신으로 하여금 어떤 모습으로 나타낼 것인가를 정해놓고 그런 모습이 나올 수 있도록 준비해야한다.

오늘날 이미지가 중요성을 갖게 된 이유는 상대방에게 선입견을 갖게 하는 잠재적인 힘이 있기 때문이다. 이미지는 추상적이고 관념적인 것 같이 보이지만 개개인의 머리에 형성된 이미지에 따라 행동을 좌우하여 현재의 모습으로 표출된다. 이미지를 형성하는 요소는 개인의 외모, 표정, 행동 및 태도, 말씨 등이다.

첫째, 외모는 심성이나 생각에 의해서 자세와 행동으로 보여지며, 개인의 옷차림이나 메이크업, 헤어스타일 등 겉모습으로 표현된다.

둘째, 표정은 상황에 따라 개인의 감정이 밖으로 표현된다. 평소의 습관을 비롯해서 생각하는 것이 언행으로 수반될 뿐 만 아니라 평소의 습관이 잠재되어 '마음의 창구'로 드러난다.

셋째, 자세는 현재의 감정 상태와 욕구에 의해서 작용되는데 외모와 언행이 수반되고 표정과 행동 등 종합적인 요인에 의해 형성되어 외부로 표출된다.

넷째, 행동은 개인이 평상시 무엇을 추구하고 있느냐 등 오랜시간 동안 습관 되어져 한 사람의 태도로 나타난다. 따라 습관으로서 에따라 사람의 행동이 나타난다.

다섯째, 말씨는 개인의 생각과 습관, 표정과 자세, 외모 등 한 사람의 독특함이 말씨로 표현된다.

MEMO **이미지형성요소**

- 개인의 외모
- 표정
- 태도
- 행동
- 말씨

2. 나의 이미지 분석

고객과의 만남에서 표현되는 중요한 이미지 요소들을 '조해리의 창(Johari Window)' 이란 개념을 바탕으로 나의 이미지를 분석해보자.

1) 스스로 판단하는 나의 이미지

- 나의 표정은 어떠한가. 무표정인가?
- 처음 만나는 사람에게 웃는 표정을 짓는가?
- 인사말과 함께 상대방에게 먼저 인사하는가?
- 평상시 나의 자세는 바른가?
- 외출 시 나의 옷차림은 어떠한가?

- 나의 메이크업과 헤어손질은 단정한가?
- 상대방의 이야기를 잘 경청하는가?
- 다른 사람과 대화할 때 나의 목소리 톤과 발음은 어떠한가?
- 상대방과 대화 시 나의 시선처리는 자연스러운가?
- 경어와 호칭을 바르게 사용하고 있는가?

2) 다른 사람이 가지고 있는 나의 이미지

- 나의 표정은 어떠한가. 무표정인가?
- 처음 만나는 사람에게 웃는 표정을 짓는가?
- 인사말과 함께 상대방에게 먼저 인사하는가?
- 평상시 나의 자세는 바른가?
- 외출 시 나의 옷차림은 어떠한가?
- 나의 메이크업과 헤어손질은 단정한가?
- 상대방의 이야기를 잘 경청하는가?
- 다른 사람과 대화할 때 나의 목소리 톤과 발음은 어떠한가?
- 상대방과 대화 시 나의 시선처리는 자연스러운가?
- 경어와 호칭을 바르게 사용하고 있는가?

3) 나의 이미지에 대한 S.W.O.T 분석

이미지(Image)는 내적인 이미지와 외적인 이미지로 구분할 수 있다. 내적인 이미지(Internal Image)는 한 사람의 이미지를 구축하고 형성해 내는 근간이며 본질이다. 즉, 심성, 생각, 습관, 욕구, 감정 등 인간의 심리적, 정신적, 정서적인 특성 등이 골고루 형성되어 있는 상태이다. 외적 이미지는(External Image) 사람의 외부로 나타나는 종합적인 이미지이다. 내적 이미지와 외모(생김새), 언행, 자세, 표정 등의 꾸밈 행동을 통하여 외부로 표현된다. 자기 이미지가 긍정적인 사람은 대인관계가 원만하고 직장 내에서 자기 성취와 높은 생산성을 수반하기 때문에 직장에서 문제가 발생하지 않는다. 반면에 자기이미지가 부정적인 사람은 대인관계와 의사소통에 어려움을 느끼게 되므로 직장에서 고립되거나 실패할 확률이 높다. 긍정적 이미지를 전달하기 위한 스스로 실천할 수 있는 노력은 다음과 같다.

- 마음을 연다.
- 자신의 매력을 과소평가하지 않는다. 매력은 타고나는 것이 아니라 만들어 가는 것이다.
- 진정한 자기를 발견한다.
- 이미지 롤모델을 설정하고 행동한다.
- 끊임없이 목표에 맞게 자신을 이미지화 한다.
- 자신의 시간을 이미지 경영에 투자하라.

나의 이미지에 문제가 있다면, 부족한 부분은 무엇이며, 이를 개선해 나가기 위해 노력하고 있는가. 자신이 가지고 있는 강점과 약점을 종합하여 객관적으로 파악해보자.

다음은 자신의 내적 이미지 분석을 위해 가능한 솔직하게 적어보자.

• 내적이미지 개선을 위한 S.W.O.T 분석

S	W
O	T

• 외적이미지 개선을 위한 S.W.O.T 분석

S	W
O	T

MEMO

• 서비스맨으로서 바람직한 긍정적인 이미지가 무엇인지, 당신이 투사하고 싶은 이미지를 묘사해보라. 그리고 나의 이미지를 평소 어떤 훈련과 연습으로 더욱 향상시킬 수 있는 그 방안을 적어보라.

항목	내가 바라는 나의 이미지	구체적인 나의 이미지 향상 방안
표정		
인사		
자세		
용모		
대화		

제2장 이미지메이킹의 필요성

1. 이미지메이킹 정의

이미지메이킹은 이미지 만들기, 이미지 바꾸기, 이미지 향상시키기 등으로 사람이나 사물에 모두 포함되는 개념이다. 또한 외적으로 보이는 것 뿐만 아니라 개인이 추구하는 목표에 도달하기 위해 자기 이미지를 통합적으로 관리하는 것을 말한다. 그러므로 나 자신을 파악하고 나를 만들어가는 이미지메이킹은 개인이 가지고 있는 능력만큼 중요하다. 좋은 이미지는 언어로 전달하는 것 보다 훨씬 좋은 커뮤니케이션이 된다.

사람들은 '자신이 보는 나'와 '타인이 보는 나'의 차이를 인식하지 못하는 경우가 매우 많다. 그것은 자신의 생각이나 언행을 제대로 파악하지 못했거나 타인의 오해와 편견에서 비롯된 현상일 수 있다. 자신의 사회적 위치와 역할에 어울리는 최상의 이미지가 무엇인지를 알아야 자신의 특성과 진가를 최대한 발휘하여 바람직한 직장생활을 할 수 있다.

항공사의 경우, 고객서비스에 직접적으로 관여하는 여러 분야 중에서 객실승무원들은 기내에서 탑승객을 접하는 시간이 가장 많다. 항공사 서비스에서 핵심적인 역할을 담당하고 객실승무원들의 단정한 이미지는 곧 항공사 이미지에 영향을 미친다. 그러므로 고객에게 신뢰감 있는 모습을 연출하기 위해 꾸준히 이미지 관리를 해야 한다.

MEMO **성공하는 사람들의 이미지메이킹 10가지**

- 열린 마음을 가져라
- 첫인상에 승부를 걸어라
- 외모보다는 표정에 투자하라
- 자신감을 소유하라
- 열등감에서 탈출하라
- 개관적인 자신을 찾아라
- 자신을 목숨 걸고 사랑하라
- 자신의 일에 즐겁게 미쳐라
- 신용을 저축하라
- 남을 귀하게 여겨라

출처 : 김경호(2009). 이미지메이킹의 개념 정립과 프로그램의 효과성 분석

2. 이미지메이킹의 중요성

이미지메이킹은 개인의 인간관계와 밀접한 관련이 있다. 이미지메이킹을 하면 자아존중감이 향상되어 자신감을 얻게 되므로 대인관계 능력이 향상되는 효과가 있다. 취업을 앞둔 대학생들은 지원서를 제출 후 면접관들에게 호감을 얻기 위해 여러 가지 노력해야 한다. 좋은 이미지는 면접의 비중이 커지는 현실에서 호감 가는 이미지를 연출하기 위해서는 매우 중요한 취업 도구가 되었다. 좋은 이미지는 언어로 전달하는 것 보다 훨씬 더 좋은 커뮤니케이션이 된다. 타고난 이미지도 중요하지만 후천적으로 개발되어지는 이미지가 더욱 중요하다. 시대에 맞게 변화하고 자신의 모습을 가장 자신답게 만드

는 기준이 곧 이미지메이킹이다.

고객 대면 서비스에 직접적으로 관여하는 서비스 직원의 경우 이미지메이킹이 중요한 이유는 직원의 좋은 이미지가 곧 회사의 이미지이기 때문이다. 고객들에게 긍정적으로 인식됨으로써 재 이용을 유도하고 이것이 곧 경영성과에 중요한 역할을 한다. 항공 산업의 경우에는 고객으로 하여금 항공사 선택 결정과 구전에 매우 큰 영향을 미치는 것 을 알 수 있다.

특히 항공사 객실승무원의 경우 고객의 욕구를 충족시키기 위해 용모와 태도를 비롯한 서비스 예절과 고객과의 의사소통 등 이미지메이킹의 중요성이 강조되고 있다.

MEMO **이미지 자가점검(Self Image Evaluation)**

나는 어떤 이미지를 가지고 있을까? 다른 사람들은 나를 어떤 사람으로 평가하고 있을까? 평소에 자신에게 보이는 다른 사람들의 반응을 잘 생각해보자. 다른 사람들이 나에게 보이는 반응은 바로 나 자신을 평가할 수 있는 가장 훌륭한 기준이 된다.

- 자주 그렇다 = 0점
- 가끔 그렇다 = 1점
- 거의 그렇지 않다 = 2점
- 절대 그렇지 않다 = 3점

(모든 문항에 답을 한 후 점수를 더한다)

1. 사람들이 내 나이를 실제보다 더 많이 본다.
2. 사람들은 나의 한 부부만을 주시하곤 한다.
3. 나는 옷차림이 과감한 편이다. 그래서 다른 사람들로부터 "나도 저런 대담한 옷을 입을 용기가 있다면!" 또는 "특이한 차림이네요!" 하는 소리를 듣는다.
4. 자신이 입는 옷의 색상에 대해 종종 좋지 않은 평가를 받는다.
5. 모임에서 만났을 때, 다른 사람들이 나보다 옷을 잘 입는다고 생각 한다.
6. 사람들이 회사나 모임이 아닌 다른 곳에서 나를 볼 때, 나를 잘 알아보지 못한다
7. 사람들이 나에게 섹시하다고 말한다.
8. 사람들이 한가지 부분만을 꼬집어 짖궂게 말한다(예: 옷, 화장, 자세, 말하는 것 등).
9. 여러 사람들과 함께 상점에 갔는데 점원이 가장 나중에야 나에게 관심을 가졌다.
10. 잘 모르는 사람들이 내 직업에 대해 듣더니 놀란다.
11. 내 능력 이하의 일자리를 부탁받는다.
12. 내가 원하는 부서의 자리를 얻지 못한다.
13. 나는 사람들과 얘기할 때 눈을 보지 않는다.
14. 사람들이 나의 행동을 짖궂게 흉내 낸다.
15. 잘 모르는 사람들도 나를 친근감 있게 부른다.
16. 사람들이 나와 악수할 때 찡그리거나 이상한 눈으로 본다.
17. 잘 모르는 사람들이 나의 이름을 쉽게 부른다.
18. 나는 별 생각 없이 말을 했는데 상대방은 불쾌해 하곤 한다.

19. 나에게 "방금 뭐라고 했지요?" 라고 자주 되묻곤 한다.
20. 사람들이 내가 말을 할 때 진지하게 듣지 않는다.
21. 사람들이 내가 말할 때면 자주 끼어들곤 한다.
22. 내가 이야기할 때 사람들이 다른 곳을 쳐다보거나 딴청을 부리곤 한다.
23. 나는 칭찬하는 이야기를 했는데 상대방이 불쾌하게 생각한다.
24. 내가 단순한 생각을 이야기했는데도 사람들이 재차 묻는다.
25. 식당이나 공공장소에 있을 때 사람들이 나에게 조용조용 말하라곤 한다.
26. 직장에서 내아이디어가 선택되도록 열심히 노력하지만 잘 이루어지지 않는다.
27. 전화통화를 여러 번 한 사람이 나를 처음 만났을 때 당신이 그 사람이냐고 놀란다.
28. 남들이 나의 말투에 놀라는 것은 아마도 내 말투가 잘못됐다는 의미가 아닐까?
29. 겉치레 대화다 싶으면 아예 침묵을 지킨다.
30. 전화통화시 나를 밝히지 않아 항상 상대방이 누구냐고 물어본다.
31. 때와 장소에 어울리지 않는 이야기를 한다고 핀잔을 듣곤 한다.
32. 사람을 소개받고도 이름을 잘 기억하지 못한다.
33. 낸가 식사를 사겠다고 식당에 갔는데 웨이터가 계산서를 상대에게 가져간다.
34. 약속을 지키지 못하는 편이다.

35. 누구에게 고맙다는 의사를 편지보다 전화로 전한다.
36. 나를 찾아온 사람이 옆에 있어도 전화통화를 길게 한다.
37. 비즈니스 편지를 말끔하게 정리하지 못한다.
38. 자기 자신을 스스로 비하한다는 이야기를 듣는다.
39. 곧잘 변명을 늘어놓곤 한다.
40. 나보다 다른 사람들의 만족을 위해 일하는 것이 습관화 되어 있다.
41. 좀 더 여러 가지에 취미를 가지라고 충고한다.
42. 좋은 말을 하면 수긍은 하지만 항상 "하지만~" 이라고 덧붙인다.
43. 우유부단해서 결정 내리기가 쉽지 않다.
44. 나는 아무 일이 없었는데도 무슨 일이 있었냐고 물어본다.
45. 최선을 다해도 승진하지 못한다.
46. 사는 것보다 삶에 끌려 다니는 것 같다.
47. 여가 시간이 충분해도 특별한 약속이 없다.
48. 나는 어떤 사람에게 관심이 있지만 상대방은 그렇지 않다.
49. 데이트를 할 때 멍하니 있느냐는 소리를 듣는다.
50. 첫 번째 데이트 후 다시는 전화를 받지 못한다.
51. 모임에 갔을 때 항상 불편함을 느낀다.

출처: 성공하는 성격과 이미지, 심재희.

	자주 그렇다	가끔 그렇다	거의 그렇지 않다	절대 그렇지 않다
Q1.	□	□	□	□
Q2.	□	□	□	□
Q3.	□	□	□	□
Q4.	□	□	□	□
Q5.	□	□	□	□
Q6.	□	□	□	□
Q7.	□	□	□	□
Q8.	□	□	□	□
Q9.	□	□	□	□
Q10.	□	□	□	□
Q11.	□	□	□	□
Q12.	□	□	□	□
Q13.	□	□	□	□
Q14.	□	□	□	□
Q15.	□	□	□	□
Q16.	□	□	□	□
Q17.	□	□	□	□
Q18.	□	□	□	□
Q19.	□	□	□	□
Q20.	□	□	□	□
Q21.	□	□	□	□
Q22.	□	□	□	□
Q23.	□	□	□	□
Q24.	□	□	□	□
Q25.	□	□	□	□
Q26.	□	□	□	□
Q27.	□	□	□	□
Q28.	□	□	□	□

	자주 그렇다	가끔 그렇다	거의 그렇지 않다	절대 그렇지 않다
Q29.	□	□	□	□
Q30.	□	□	□	□
Q31.	□	□	□	□
Q31.	□	□	□	□
Q32.	□	□	□	□
Q33.	□	□	□	□
Q34.	□	□	□	□
Q35.	□	□	□	□
Q36.	□	□	□	□
Q37.	□	□	□	□
Q38.	□	□	□	□
Q39.	□	□	□	□
Q40.	□	□	□	□
Q41.	□	□	□	□
Q42.	□	□	□	□
Q43.	□	□	□	□
Q44.	□	□	□	□
Q45.	□	□	□	□
Q46.	□	□	□	□
Q47.	□	□	□	□
Q48.	□	□	□	□
Q49.	□	□	□	□
Q50.	□	□	□	□
Q51	□	□	□	□

위의 질문에 답을 다했다면 답안지의 점수를 계산하여 자신의 이미지가 어떤지 알아보자.

점 수

- 50점 이하

  나의 이미지는 현재 심각한 상태이다.

  대인관계에 있어서도 적신호를 보이고 있다.

  전문가의 조언을 받아서 자신의 현 상태를 차근차근 정리해 나가야 한다.

- 50~99점

  약간의 충고가 필요한 상태, 외적인 부분을 보충할 필요가 있다.

  자신이 어떤 한 분야에 전문가일 경우, 일로써 자신을 보여주면 되지 외모는 중요하지 않다고 생각한다.

  동료들과 피크닉을 갈 때도 운동화나 슬리퍼에 반바지면 그만이라는 생각을 한다.

  자신이 무관심한 외적인 면에 대해 다른 사람들의 충고를 받아들여야 할 필요성이 있다.

- 100~124점

  비교적 안정된 이미지를 가지고 있으며 다른 사람들이 호감을 가지고 대한다. 전문가의 조언이 곁들여 진다면 보다 완벽한 이미지를 연출할 수 있을 것이다.

- 125점

  나무랄 데 없는 완벽한 이미지를 가지고 있다. 누가봐도 훌륭한 이미지를 연출한다. 그러나 완벽하다고 자신한 나머지 실제와는 전혀 다른 대답을 하지 않았는지 한 번 더 뒤돌아보자.

제3장 객실승무원의 이미지

1. 국내항공사 객실승무원의 이미지

항공기 탑승에서 도착지까지 승객들에게 보여 지는 것이 곧 객실승무원의 이미지이다. 대부분의 항공사에서는 적당한 키와 적합한 체형, 깨끗하고 단정한 유니폼에 어울리는 메이크업과 헤어스타일의 외적인 용모, 친절함과 적극적인 서비스 태도를 갖춘 지원자를 채용하고 있다. 승객에게 보여 지는 객실승무원의 여러 이미지는 다음과 같다.

첫째, 기업을 대표하는 유니폼에서 보여 지는 세련된 이미지이다. 대부분의 승객은 유니폼의 색상이나 디자인을 통해 기업에서 추구하는 서비스를 오랫동안 기억한다.

둘째, 객실승무원의 얼굴표정 이다. 밝은 표정과 미소, 목소리로 하여금 표준화된 서비스를 제공하려는 항공사의 노력이라 할 수 있다.

셋째, 객실승무원의 예의바른 태도이다. 정중한 인사의 표현과 예의바른 고객응대는 승객들이 기대하는 객실승무원의 이미지라고 볼 수 있다.

넷째, 다양한 승객에 대한 적절한 호칭과 경어에 대한 이미지가 필요하다. 객실승무원들의 부드러운 음성과 올바른 호칭 사용은 어린이 승객부터 고령의 승객에게 좋은 이미지로 기억될 수 있다. 이외에도 승객의 요구와 불편을 긍정적이고 적극적인 방식으로 처리하려는 서비스 마인드와 외국인 승객에게 어려움 없이 응대할 수 있는 외국어 실력을 통해 많은 승객들은 객실승무원에게 좋은 이미지를 갖게 된다.

항공사 객실승무원은 최상의 기내서비스를 수행하기 항공여행에 따른 전문적인 지식과 숙련된 매너가 요구된다. 직업에 대한 자부심과 만족감을 가지고 객실승무원으로 훈련된 자세를 갖추려는 직업의식이 필요하다. 항공사 객실승무원이 되고자 희망하는 많은 대학생들은 개인의 능력도 중요하지만 팀과 협동할 수 있는 단체정신이 필요하다. 즉 항공사 객실승무원은 책임감 있고 꾸준히 노력하며 자기 성장도 함께 하는 전문 직업인이 되어야 한다.

MEMO **좋은 첫인상 심어주는 3단계**

1단계 – 부드러운 눈으로 바라본다.
2단계 – 미소를 띄운다.
3단계 – 다정한 말을 건넨다.

MEMO 승객들에게 보여지는 객실승무원의 이미지 구성 요소

주요요인	객실승무원의 이미지 구성요소
용 모	–적당한 키 –적합한 체형 –깨끗한 피부
태 도	–예쁜 얼굴 –공손한 태도 –아름다운 미소 –상냥한 말투 –밝은 표정
스타일	–적극적인 서비스 –어울리는 유니폼 –깨끗한 유니폼 –단정한 머리스타일 –세련된 메이크업 –단정한 손톱, 액세서리 –광택 있는 구두
지 성	–충분한 학벌 –뛰어나 외국어 능력 –풍부한 일반상식 –풍부한 식음료지식 –전문적인 업무지식

2. 외국항공사 객실승무원의 이미지

외국 항공사에서 한국인 승무원 채용이 점점 증가하고 있는 것은 한국 노선에 대한 항공사들 간의 경쟁 때문이다. 기업의 입장에서 자사의 이미지에 맞는 훌륭한 인재를 채용한 후 입사 교육을 통해 기내서비스 업무가 가능하기까지의 과정은 국내항공사와 같다. 여행이나 비즈니스 상황에 따라 외국 항공사를 이용하는 한국인이 많기 때문에, 한국어 구사가 가능하고 좋은 이미지를 갖추고 있는 객실승무원의 확보는 자사 항공사의 이윤창출에 중요한 전략적 도구가 된다. 때문에 외국 항공사에서는 비행근무에 적합한 우수한 한국인 승무원을 선발하기 위해 면접에 절대적으로 우선순위를 두는 경향이 강하다.

(본 교재에서 외국항공사를 거론할 때, 객실승무원이라 함은 외국 국적 항공사에 재직 중 인 사람으로 한국 국적을 가지고 한국이나 현지에서 채용된 승무원을 말한다)

객실승무원이라 함은 본국 승무원이나 외국 승무원이라는 정체성의 차이가 없이, 세계 각국 출신의 승무원들이 함께 근무하는 형태이다. 채용이나 승진 시 국적에 대하여 다르게 적용하는 차별이나 기준이 없고 급여와 복지혜택 역시 동일하게 적용된다. 에미레이츠항공, 카타르항공, 에티하드항공, 걸프에어, 케세이퍼시픽 항공 등이 대표적인 외국 항공사이다.

평가항목	추천할 수 없는 이미지 기준
신체적 태도(자세 / 걸음)	등 구부러짐 다리를 질질 끄는
얼굴 (턱 / 귀 모양)	눈 주위 함몰 턱 돌출 동물 귀가 연상되는 눈 깜빡임 시선 분산 남학생(수염정리)
외모 (머리 / 피부)	대머리 곱슬머리 문신 얼굴 팔 다리 등 모반 목소리 톤 치아 제스처 표정/ 긍정적 이미지
체격 (형태 / 목 / 손가락 / 손 / 다리)	거대 비만 혐오스런 상처 팔다리 구부러진 상태 체격 왜소 혹은 큼
체취 (체취 / 구취)	거부감 강함

외국항공사에서 선호하는 이미지가 무엇인가에 대한 문제는 많은 지원자들이 고민하는 부분이다. 현대 사회는 시각적 이미지를 잘 활용하는 사람이 설득력 있는 사람으로 인정받는 시대이다. 따라서 자신의 이미지를 면접관에게 어필하기 위해서 식생활 관리, 화장법이나 머리손질 방법, 걸음걸이 교정 등과 같은 끊임없는 훈련이 필요하다. 항공사에서 추구하는 이미지, 그 항공사에 맞는 느낌을 주고자 단점을 보완하고 장점을 극대화하여 표현해야 한다.

제4장 서비스 커뮤니케이션

1. 나의 서비스 마인드

서비스 마인드는 다른 사람을 즐겁게 하고 편안하게 하려는 행동에 자신의 정의와 철학을 가진 일종의 리더십이라고 말할 수 있다. 종사원의 태도에 영향을 주는 서비스 마인드는 직장에서 뿐만 아니라 대인관계에서 좋은 영향력을 가지게 한다. 오늘날 고객들은 서비스를 기대하는 수준 정도가 점점 까다롭고 높아지고 있다. 단순한 친절만으로는 고객을 감동시킬 수가 없기 때문에 진정한 서비스인이 되기 위해서는 서비스 철학과 서비스 매뉴얼을 바탕으로 한 자신만의 서비스기술이 필요하다.

항공사는 서비스 산업 중 에서 인적자원 의존도가 높기 때문에 항공사 직원들은 고객을 접촉하는 빈도가 높다. 같은 서비스라 할지라도 직원에 따라 서비스 품질이 다르게 표현된다. 고객접점 직원의 서비스 기술은 동종 기업 간의 차별화될 수 있는 수단이며 기업의 이미지를 결정하는 중요한 잣대가 된다. 고객을 대하는 직원의 행동과 태도에 따라 다르게 인지되는 서비스 품질은 고객만족을 비롯한 자사의 수익에 영향을 준다. 그러므로 훌륭한 서비스 마인드를 지닌 직원들을 확보하려는 서비스 기업의 경쟁도 치열하다.

다양한 고객에게 서비스를 제공할 때는 예측하지 못한 어려움이 발생하기도 한다. 이런 경우 신속하고 의연하게 대처하는 서비스 기술은 직원이 어떠한 서비스 마인드를 갖느냐에 따라 다르게 나타난다. 항공사의 경우에는 직원의 서비스 마인드를 고취하기 위해서 개인 역량을 파악해야 한다. 서비스 역량 요인은 대인서비스, 인지능력, 개인의 태도 및 인성, 전문적 지식과 스킬, 관리역량 등이다.

MEMO **서비스 성향 체크리스트**

고객을 특별히 기분 좋게 하는 사람이 있다. 나는 어느 정도 인지 해당하는 란에 체크해보자.

No	서비스 성향문항	YES	NO
1	나는 처음 만난 사람과 대화하는 것을 좋아 한다.		
2	친구가 고민을 털어놓을 때 어떻게 하든 해결해주고자 노력한다.		
3	나는 명절날 집안이 시끌벅적한 것이 좋다.		
4	나를 처음 본 사람들은 내가 호감 가는 인상이라고 말한다.		
5	친구가 오해를 하고 화를 내도 나는 일단 참는 성격이다.		
6	누군가가 길을 물어보면 자세히 알려주는 편이다.		
7	나는 친구나 가족을 위해 깜짝 파티를 준비해본 적이 있다.		
8	사람들은 내가 매사에 긍정적이라고 말한다.		
9	나는 때와 장소에 따라 옷차림을 구분하는 편이다.		
10	나는 한 가지 일을 짜증내지 않고 꾸준히 하는 편이다.		
11	나는 상대의 얼굴만 봐도 마음의 상태를 알 수 있다.		
12	나는 자원봉사를 하거나 후원금을 내본 적이 있다.		
13	나는 주위사람들에게 상냥한 편이다.		
14	나는 약속이 있는 경우, 꾸미고 나가는 편이다.		
15	대중 교통을 이용할 때 노약자에게 항상 자리를 양보하는 편이다.		
16	필요하다면, 자존심을 버릴 용기가 있다.		
17	나는 주위사람들에 대하여 관심이 많은 편이다.		
18	나는 평소에 설득력이 강한 편이다.		
19	나는 사진을 찍을 때 활짝 웃는 표정이 자연스럽다.		
20	나는 문제해결 시 감정보다는 이성을 앞세운다.		

◆ 평가방법

YES 항목에 체크한 문항 개수를 센다.

1~5개	6~10개	11~15개	16~20개
D형	C형	B형	A형

◆ 서비스 성향에 따른 유형별 특성

A형 나는 타고난 서비스맨이다. 내가 서비스 직업을 선택한다면, 훌륭하게 고객만족을 실현할 수 있다. 지속적으로 단골고객을 확보할 수 있고, 문제해결력도 뛰어나다. 사람을 직접 상대하는 직업이 가장 잘 어울린다.

B형 나는 비교적 높은 서비스 성향을 가지고 있고, 인간관계가 원만한 편이다. 서비스 직업을 선택해도 무난하게 어울린다. 서비스에 대한 충분한 자기계발과 회사의 배려가 있다면, 발전할 것이다.

C형 나는 잠재적으로 서비스 성향이 어느 정도는 있다. 그러나 충분한 동기부여가 되지 않아 자신의 능력이 발현되지 못하고 있으며, 때로는 트러블이 생기는 등 변화가 조금 심한편이다. 약간 무뚝뚝한 편이라 오락이나 레저산업 계통의 서비스 보다는 금융 분야에 차분하고 정확성을 요구하는 서비스 산업에 직무가 더 잘 어울린다. 교육을 통한 자기계발을 통해 좀 더 발전적인 모습을 기대해도 좋다.

D형 나는 좀 부담스러운 서비스 성향을 가지고 있다. 오히려 업무를 기획하거나 지원하는 직무가 더 어울린다. 본인 스스로 서비스 성향이 약하다는 것을 알고 있기 때문에 다른 사람의 서비스를 정확하게 평가할 수 있는 장점이 있다.

MEMO **조해리의 창(Johari Window)**

미국의 심리학자 Joseph Luft와 Harry Ingham 이 개발한 "조해리의 창" 이라는 프로그램은 인간관계 4가지 유형을 알아보는 것으로 상대에 따른 의사소통의 유형을 파악함으로써 대인관계에 많은 도움이 될 수 있다. 각 항목들이 자신의 행동 양식을 얼마나 잘 나타내는지를 1~10까지의 점수로 표시해보자.

1. 나는 잘 몰랐을 경우에는 이를 바로 인정한다.
2. 나는 다른 사람의 잘못을 지적할 필요가 있을 때에는 직접 말한다.
3. 나는 납득하기 어려운 지시를 받을 경우 지시한 이유를 물어본다.
4. 나의 의견에 대해 남들이 어떻게 생각하는지 물어본다.
5. 나는 느낌을 솔직하게 표현한다.
6. 다른 사람의 감정을 존중한다.
7. 나는 걱정거리가 생길 경우, 터놓고 의논한다.
8. 나 혼자 이야기를 계속하여 남을 짜증나게 하지 않는다.
9. 나는 진심으로 남의 이야기를 들어준다.
10. 나는 아이디어를 권장하고 대화를 독단적으로 끌고 가지 않는다.
11. 내 잘못을 숨기거나 남의 탓으로 돌리지 않는다.
12. 나는 다른 사람의 충고를 잘 받아들인다.
13. 나는 달가운 일이 아닐지라도 남들이 알아야 할 사항이라면 알려준다.
14. 남의 의견이 나와 다를 경우, 나의 생각을 말하고 함께 검토해본다.
15. 나는 말하기 거북한 내용을 거리낌 없이 말한다.
16. 나는 변명을 하지 않고 비판에 귀를 기울인다.

17. 나는 있는 그대로 나타내며 가식이 없는 편이다.
18. 나에게 찬성하지 않는다고 나의 마음을 상하게 하지 않는다.
19. 나는 다른 사람에게 그들의 생각을 발표하도록 권장한다.
20. 나는 확신하는 것을 굽히지 않고 말한다.

	그렇지 않다				그저 그렇다				매우 그렇다	
	1	2	3	4	5	6	7	8	9	10
Q1	□	□	□	□	□	□	□	□	□	□
Q2	□	□	□	□	□	□	□	□	□	□
Q3	□	□	□	□	□	□	□	□	□	□
Q4	□	□	□	□	□	□	□	□	□	□
Q5	□	□	□	□	□	□	□	□	□	□
Q6	□	□	□	□	□	□	□	□	□	□
Q7	□	□	□	□	□	□	□	□	□	□
Q8	□	□	□	□	□	□	□	□	□	□
Q9	□	□	□	□	□	□	□	□	□	□
Q10	□	□	□	□	□	□	□	□	□	□
Q11	□	□	□	□	□	□	□	□	□	□
Q12	□	□	□	□	□	□	□	□	□	□
Q13	□	□	□	□	□	□	□	□	□	□
Q14	□	□	□	□	□	□	□	□	□	□
Q15	□	□	□	□	□	□	□	□	□	□
Q16	□	□	□	□	□	□	□	□	□	□
Q17	□	□	□	□	□	□	□	□	□	□
Q18	□	□	□	□	□	□	□	□	□	□
Q19	□	□	□	□	□	□	□	□	□	□
Q20	□	□	□	□	□	□	□	□	□	□

번호	1	2	5	7	11	13	15	17	20	총점(S)
값										
번호	3	4	6	8	10	12	16	18	19	총점(L)
값										

S ⇒ 0 100

	내가 아는 나 & 정보	내가 모르는 나 & 정보
남이 아는 나 & 정보	개방적 영역	맹목적 영역
남이 모르는 나 & 정보	숨겨진 영역	미지의 영역

1. 개방적 영역(열린 자아)

   인간관계가 원만하고 자기주장이나 표현도 잘하면서 상대방의 말도 잘 경청한다.

   상대에 호감을 주어 빨리 친밀해지는 성향으로 인기가 많다.

   그러나 말이 많아지면 때로는 경박스럽게 보일수도 있다.

2. 맹목적 영역, 자기 주장형(눈먼 자아)

   다른 사람은 아는 걸 나만 모르는 경우이다

   자신이 모른다는 건 타인의 말을 잘 경청하지 않는 경향이

있기 때문이다

다른 사람을 잘 의식하지 않고 자신의 생각과 의견을 잘 표현하고 자신감이 있으며 시원시원한 사람이다.

타인의 말에 잘 귀를 기울이지 않기에 다른 사람의 반응에 무감각하거나 둔감해서 독단적이고 독선적으로 보일수도 있다.

3. 숨겨진 영역, 신중형(숨겨진 자아)

나는 아는데 남이 모르는 나의 부분이다.

딴사람은 모르는 걸 나는 안다.

상대방의 말을 잘 경청하고 수용하며 속이 깊고 신중함을 보이지만 자신의 이야기나 속마음은 잘 드러내지 않는 경향이 있다. 현대인에게서 가장 많이 보여지는 타입이다.

신중하기에 계산적이고 실리적이다. 적응은 잘하지만 스스로 고독해지는 경향이 많다. 이런 사람들은 자기개방을 통해 타인과 넓고 깊이 있는 인적 교류가 필요하다.

4. 미지의 영역, 고립형(모르는 자아)

나도 모르고 남도 모르는 나의 부분이다. 고집이 세고 주관이 지나치게 강한 사람도 있지만 대체로 심리적으로 고민이 많고, 부적응적인 삶을 살아가는 사람도 많다. 인간관계에 소홀하고 다른 사람과 같이 있는 것이 불편해서 혼자 있는 것을 즐기는 타입이다. 고립형은 인간관계에 더 적극적이고 긍정적인 태도를 가질 필요가 있다. 인간관계 개선을 위해 미지의 영역을 줄이고 공개적 영역을 넓히는 것이 바람직하다.

출처: 인간관계의 심리, 정진선, 문미란 (서울:시그마플러스, 2012)

2. 항공사 서비스 품질

항공서비스는 항공기라는 하드웨어를 이용하여 설정된 항공노선을 비행하면서 승객을 친절히 모시고 안전하게 목적지까지 운송해 주는데 있다. 승객들은 운송서비스를 구입하지만, 목적지에 도착했을 때 는 구매 대가로 받은 유형재는 아무 것도 없다. 다만 비행 중에 경험한 안락함, 편안함, 친절성 등만을 간직하게 되는 것이다. 항공사에서 제공하는 여객서비스는 몇 가지 특징을 가지고 있다.

첫째, 항공서비스는 재고불가능성의 특징이 있다. 항공기 좌석은 당해 운항 편에서 모두 판매되어야 하는 특성이 있다. 또한 타 항공사의 좌석과 차별화가 어렵기 때문에 기내서비스 외에도 공항서비스, 예약 및 발권 서비스 등을 통해 고객만족을 이끌어내야 한다.

둘째, 항공서비스는 무형성의 특징을 가지고 있다. 승객은 실제로 탑승을 경험한 후 항공사 서비스에 대한 품질을 인지한다. 고객은 항공사서비스가 좋다는 구전과 실제로 탑승을 경험한 후에 얻게 되는 만족도에 따라 애호도를 형성한다.

셋째, 항공서비스는 소유권 비이전성의 특징이 있다. 항공사의 시설 이용을 위해 항공요금을 지불하고 항공운송이란 편익을 제공받기 때문에 일체의 소유권 이전이 발생하지 않는다.

넷째, 항공서비스는 서비스품질 측정 곤란성의 특징을 가지고 있다. 항공서비스는 무형성, 재고불가능성 등으로 서비스 품질 수준 측정이 곤란하다. 이는 고객의 만족 수준은 주관적인 평가에 의해 좌우되므로 계량화하기 어렵기 때문이다.

이밖에도 항공사 서비스 품질은 유형적 속성과 무형적 속성으로 구성된다. 항공사는 유형적인 항공기를 이용하여 항공 승객과 수하물을 목적지까지 운송해 주고 항공 승객은 항공사 직원들의 친절성, 좌석의 편안함, 기내서비스, 서비스 빈도 등의 많은 무형적 서비스를 경험한다.

항공사 서비스는 항공승객의 탑승을 중심으로 하여 탑승 전 서비스, 탑승 중 서비스, 운항 및 기타 서비스의 3단계로 분류할 수 있다.

1) 탑승 전 서비스

좌석의 예약 및 발권 서비스와 공항에서의 수하물 처리, 탑승 수속 등 의 운송 서비스가 포함된다.

2) 탑승 중 서비스

기내서비스로서 인적서비스, 물적서비스, 종합객실서비스 시스템으로 분류할 수 있다.

인적서비스는 승무원의 서비스 태도 및 고객 지향적 서비스 마인드라 할 수 있으며, 물적서비스는 항공기 좌석, 기내에서 서비스되는 식음료, 영화, 음악, 독서물, 오락물 등을 일컫는다. 또한 종합객실서비스 시스템의 구성요소는 기내 팩스나 위성전화, 어린이나 노약자를 위한 고개서비스 프로그램 등을 말한다. 고객의 욕구가 다양해지면서 물적·인적 서비스 요소 주에서 한곳에 치중하기 보다는 각 요소가 조화 있게 결합된 종합 시스템 서비스가 제공되어야 한다.

3) 운항 및 기타서비스

서비스의 고속성, 정시성, 안정성, 쾌적성, 편리성 등 운항속성을 뜻한다.

MEMO **친절서비스의 구성요소**

친절서비스는 고객에게 정성된 마음을 담아 응대하는 것이다

첫째, 고객응대 직원의 용모복장, 태도 등 시각적 이미지를 표현할 줄 아는 능력

둘째, 정서적으로 고객을 감동시키는 능력

셋째, 고객의 필요와 욕구를 미리 파악 후 신속한 서비스 제공 능력

넷째, 다양한 고객과 응대상황에서도 고객의 입장에서 문제를 해결하는 인내력

3. 서비스 대화법

1) 화 법

서비스 직원의 말씨는 고객을 생각하는 마음이 전달되도록 표현되어야 한다. 서비스 현장에서는 예측하지 못한 다양한 상황이 발생하므로 고객에게는 항상 정중하고 친절한 화법으로 응대하여야 한다. 서비스 전문인으로서 사용하는 말씨는 교양의 척도이므로 예의를 갖추도록 끊임없이 노력해야 한다. 고객을 응대할 때에는 간단 명료하게 전달하는 것이 중요하다. 다음은 고객 응대 시 기본적으로 사용해야하는 대화법이다.

① 많이 사용되는 인사말을 머릿속에 숙지한다.

② 고객을 환영한다는 느낌이 전달되도록 정중하게 말한다.
예) "안녕하십니까?"

③ 고객의 요구사항에 적극적으로 대처한다.

예) "어서오십시오. 무엇을 도와드릴까요?"
"네. 바로 도와드리겠습니다."

④ 고객의 요구사항에 만족스러운 서비스를 받았는지 확인한다.

예) "더 필요하신 사항은 없으십니까?"
"필요하신 물건이 있으시면 언제든 말씀해주시기 바랍니다."

⑤ 고객응대 종료 후 친절하게 배웅 인사를 한다.

예) "즐거운 시간 되십시오."
"감사합니다. 좋은 여행 되십시오."

MEMO **상황에 따른 기본 화법**

1. 업무 소요시간 안내 시
2. 고객이 기다렸을 때
3. 응대 중 전화가 왔을 때
4. 고객의 서류가 필요할 때
5. 고객이 자리를 바꿀 때
6. 서비스가 완료되었을 때
7. 고객에게 방향 안내를 할 때
8. 질문할 때
9. 고객이 재촉할 때
10. 고객에게 재차 확인할 때
11. 고객 앞을 지나갈 때

(1) 쿠션언어

쿠션언어란 장소를 불문하고 상대방에게 지시, 거절, 부탁을 한다거나 혹은 부정적인 말을 전달해야 할 경우 상냥하고 부드럽게 말하는 것을 말한다. 대화를 할 때 상대방에 대한 배려와 주의를 기울이고 있다는 것을 표현한다. 쿠션언어의 표현법은 다음과 같다.

기본언어	쿠션언어	표현언어
뭐라구요? 잘 모르겠는데요.	죄송합니다만 실례합니다만 번거로우시겠지만 양해해주신다면 괜찮으시다면 불편하시겠지만	죄송합니다만, 다시한번 말씀해주시겠습니까? 괜찮으시다면, 잠시만 기다려주시겠습니까? 제가 확인해보겠습니다.

(2) 긍정적인 표현

고객들에게 거부감을 전달하는 부정적인 말은 가급적 삼간다. 긍정적인 표현은 듣는 사람으로 하여금 배려 받고 있음을 느끼게 되어 감동 받게 된다.

부정적인 표현	긍정적인 표현
이곳에서 큰소리로 말하면 안 됩니다.	건물 안에서는 작은 소리로 말씀해주시기 바랍니다.

(3) 의뢰형의 표현

고객에게 명령형의 말투는 거부감을 불러일으킬 수 있다. 상대방에게는 의견을 구하는 위뢰형이 매우 바람직하다.

명령형	의뢰형
이쪽으로 오세요	이쪽으로 오시겠습니까?

(4) 의지적인 표현

고객은 준비되어 있지 않은 서비스 비품이나 물품을 요구할 때가 있다. 이런 상황에서는 '없다' 라는 표현보다는 고객의 요구사항을 초대한 수렴하는 의지가 전달될 수 있는 표현법을 사용해야 한다.

직설적 표현	완곡한 표현
고객님, **는 판매하지 않습니다.	고객님, **는 준비되어 있지 않습니다. 대신 ○○이 준비되어 있는데 어떠십니까?

(5) 칭찬 화법

사람들은 자신을 칭찬한 사람을 칭찬하고 싶어 한다. 남을 칭찬하는 것은 곧 나를 칭찬하는 것과 같다. 다만 형식적이고 상투적인 칭찬보다는 고객의 마음을 얻을 수 있는 진심으로 말하도록 한다. 고객에게 호감을 줄 수 있는 칭찬 방법은 다음과 같다.

① 상대에 대해 구체적으로 칭찬 한다.
② 간결하고 상황에 맞는 칭찬을 한다.
③ 대중에게 공개적으로 칭찬 한다.

MEMO **고객응대 4포인트 화법**

1. 밝게 말한다.
   고객과 대화 시 바른 자세와 밝은 표정을 짓는다.
2. 쉬운 단어를 사용한다.
   고객에게 전문용어 및 외국어, 약어를 사용하지 않는다.
3. 우아하게 표현한다.
   고객과 대화 시에는 목소리의 고저와 속도를 맞추어서 말한다.
4. 아름답게 말한다.
   고객에게는 비어, 속어, 유행어를 사용해서는 안된다.

MEMO **긍정적 표현**

다음 대화문을 긍정적인 표현으로 바꾸어보자 !

1. 무슨 용건이세요?

2. 잠깐만요 !

3. 지금 자리에 없습니다.

4. 필요한 거 없어요?

5. 글쎄요, 확실치는 않아요.

6. 고객님은 이해가 안되는 부분입니다.

7. 고객님의 문제는 ~

8. 그것은 나의 일이 아닙니다.

9. 나는 ~을 할 수 없습니다.

10. 고객님은 ~게 하셔야 합니다.

2) 올바른 경어와 호칭

올바른 경어와 호칭은 대인관계 시 신뢰와 친밀함을 높이게 된다. 호칭이란, 사람을 부를 때 쓰는 말이다. 우리가 만나게 되는 많은 사람들과의 관계에서 서로를 정확히 부를 호칭은 필요하다. 적절한 호칭의 선택은 상대방을 존중한다는 뜻이므로 바르고 선택하여 사용하도록 해야 한다.

상대방을 높이는 경어 표현은 자신의 인격을 돋보이게 한다. 존경어는 상대방을 자기보다 높은 위치에 두고 경의를 나타내는 것이며, 겸양어는 자세를 낮추는 말이다. 경어를 올바르게 사용하기 위해서는 때와 장소와 상황에 따라 어떤 경어가 어울리는지 빠르게 판단하여 적절한 말을 사용하도록 한다. 경어를 품위 있고 정중하게 사용하면 고객과 기분 좋은 커뮤니케이션을 유지할 수 있으면 세련된 객실승무원이 될 수 있을 것이다.

(1) 직장에서의 올바른 호칭

- 저, 제: 웃어른이나 여러 사람에게 말할 때
- 나: 같은 또래나 아랫사람에게 말할 때
- 우리, 저희 : 자기 쪽을 남에게 말할 때
  예) 저희 나라(×)--〉 우리나라 (○)

(2) 상대에 대한 호칭

- 상사의 성과 직위 다음에 '님'의 존칭을 붙인다.
  예) 정 부장님
- 성명을 모르면 직위에만 '님'의 존칭을 붙인다.
  예) 부장님
- 상사에게 자신을 지칭할 경우 '저' 또는 성과 직위, 직명을 사용한다.
  예) 조 과장입니다. 또는 인사과장입니다. 제가 ~
- 직함이 없을 때 : 선배님 또는 선생님 존칭을 사용한다.

(3) 사회생활에서의 호칭

- 나이가 많은 남녀 어른에게는 '어르신'으로 존칭한다.

－존경하는 웃어른이나 직업이 선생님이 경우에는 '선생님' 으로 존칭한다.

－자신 보다 연장자 에게는 '형님' , 같은 분야에서 일하는 연장자에게는 '선배님' 이란 존칭을 사용한다.

MEMO 틀리기 쉬운 호칭

1. 상사에 대한 존칭은 호칭에만 쓴다.
   예) 사장님 실(×) ⇒ 사장실(○)

2. 문서에는 상사의 존칭을 생략한다.
   예) 사장님 지시(×) ⇒ 사장 지시(○)

3. 차 상급자에게 상급자의 호칭 시는 '님' 을 붙인다.
   예) "과장님, 이 건은 김 부장님이 지시한 일입니다."

4. 본인이 임석 하에 지시를 전달 할 때는 '님' 존칭어를 붙인다.
   예) "사장님 지시사항을 전달하겠습니다."

5. 여직원끼리는 '언니' 의 호칭은 삼간다.

MEMO **바람직한 경어 표현**

1. 같이 온 사람 ⇒ 함께 오신 분

2. 무슨 일 이죠? ⇒ 무엇을 도와드릴까요?

3. 누구세요? ⇒ 누구신지요?

4. 자리에 없어요. ⇒ 잠시 자리를 비우셨습니다.

5. 전화하세요. ⇒ 전화 부탁드립니다.

6. 안됩니다. ⇒ 죄송합니다만, 곤란합니다.

7. 말하겠습니다. ⇒ 말씀드리겠습니다.

8. 함께 가겠습니다. ⇒ 모시고 가겠습니다.

9. 설명하겠습니다. ⇒ 설명 드리겠습니다.

MEMO **잘못 사용한 경어 표현**

1. 고객님. 주문하신 커피 나오셨습니다.

2. 저 어린아이에게 여쭤보십시오.

3. 제가 말씀하신거는 이 부분입니다.

4. 고객님, 차액은 만원이십니다.

5. 이거는 고객님 티켓이십니다.

6. 고객님, 이쪽으로 오실께요!

7. 잠시만요. 제가 들어가실께요.

제2편

외 적 이미지메이킹 전 략

제1장 서비스이미지 메이크업

1. 첫인상과 표정

'승무원' 하면 떠오르는 이미지는 밝은 미소이다. 밝은 미소로 시작하는 첫인상은 승객들에게 긍정적인 호감을 주고 편안한 여행을 할 수 있도록 도움을 준다. 이러한 긍정적인 호감을 주는 첫인상은 외적으로 보여지는 미소뿐만 아니라 내면의 아름다움도 얼굴 표정을 밝게 만든다. 또한 밝고 자신감 있는 사람은 주위 사람들에게 밝은 분위기를 만들고 주변 사람들을 모이게 하는 힘이 있다. 따라서 대인관계가 좋아지고 주변 사람들로부터 많은 도움을 받게 되며 좋은 기회를 잡는 행운도 얻을 수 있다.

이처럼 첫인상을 좋게 만드는 밝은 미소는 우리의 얼굴이 가지고 있는 80여개의 근육으로 비롯하여 갖가지 표정을 만들어 낸다. 그 중에서도 미소를 만드는 근육을 어떻게 사용하느냐에 따라 자연스럽고 온화한 미소를 만들어 내기도 한다. 대면 서비스를 하는 승무원은 승객들이 편안한 비행을 하고 항공사의 좋은 이미지를 갖도록 자신만의 밝은 표정을 연출하는 노력이 필요하다.

1) 시 선

① 눈동자는 중앙에 위치하도록 한다.

② 상대방의 눈높이에 맞춰 바라본다.

③ 눈을 바라보기 보다는 얼굴의 전체적인 윤곽이나 미간, 눈 주변을 바라보는 게 부담스럽지 않고 자연스럽다.

④ 시선처리 연습

- 눈을 감고 심호흡을 하며 마음을 안정하도록 한다.
- 눈을 감은 채 눈동자를 위 → 아래 → 시계방향으로 둥글게 원을 그리고, 다시 반대로 그린다.

2) 밝은 표정

① 입의 모양은 입꼬리가 위로 올라가도록 한다.

② 입은 미소를 띤 채 가볍게 다물거나 윗니가 보이도록 활짝 웃는다.

③ 표정 연습

- 입을 다물고 입 안에 바람을 불어 좌 → 우 → 상 → 하 방향으로 바람을 움직인다.
- 큰 소리로 "아", "에", "이", "오", "우" 를 외치며 입모양은 최대로 크게 한다.
- 입꼬리를 최대한 위로 올리고 윗니가 12개가 보이도록 하고 "위스키~" 하며 미소를 만든다.

2. 정중한 인사

정중한 인사는 모든 인간관계의 시작이며 가장 기본이 되는 중요한 행동으로 상대방에게 존경의 마음과 반가움의 표현이다. 또한 첫인상에 중요한 영향을 주는 행동이다. 인사를 하는 사람은 밝은 표정과 바른 자세로 정중하게 표현되어야 하며 상대방과 시간, 장소, 상황에 따라 올바른 인사를 해야 한다.

탑승 시 승무원의 맞이 인사는 여행을 시작하는 승객들에게 즐거움을 더해 주는 행동이다. 따라서 반가운 마음으로 정중하고 자연스럽게 행해야 하며 밝은 인상을 주어 좋은 이미지를 보여주는 것이 중요하다.

MEMO **인사는..**

- 먼저 본 사람이 먼저 한다.
- 정성을 담아 적극적으로 한다.
- 상대방을 바라보며 미소 띤 표정으로 한다.
- 다정한 인사말을 건넨다.

1) 인사의 올바른 자세

정중한 인사를 하는 올바른 자세는 다음과 같다.

① 귀와 어깨가 일직선이 되도록 서고 가슴과 등을 곧게 펴고 어깨는 힘을 뺀다.

② 시선은 부드럽게 상대의 얼굴 윤곽이나 눈 주변을 바라본다.

③ 남자의 경우 손을 자연스럽게 바지 옆 재봉선에 가볍게 붙인다.

④ 여자의 경우 오른손이 왼손의 위로 가도록 두 손을 앞으로 모은다.

⑤ 발의 뒤꿈치는 붙이고 남자는 앞쪽을 30도 정도 벌리고, 여자는 11자로 발 앞을 모으고 바르게 선다.

Check!!

✔ 선 자세가 귀와 어깨가 일직선이 되도록 맞춘다.
✔ 가슴과 등은 곧게 펴고 어깨는 힘을 뺀다.
✔ 시선은 웃으며 상대방의 얼굴을 바라본다.
✔ 손의 위치는 바르게 유지 한다.
✔ 무릎은 붙이고 발을 모아 바르게 선다.

2) 인사하는 방법

- 머리, 어깨, 허리 등을 일직선으로 유지 하면서 상체를 굽힌다. 이 때 등이 굽거나 머리가 숙여지지 않도록 주의한다.
- 턱은 아래로 당겨 위로 들리지 않도록 한다.
- 시선은 상대의 눈 → 아래 → 눈으로 자연스럽게 옮긴다.
- 상체를 굽히고 약 1초 정도 멈춘다.

- 다시 천천히 상체를 든다.
- 바르게 서서 상대의 눈을 바라보며 미소를 유지한다.
- 밝은 목소리로 인사말을 한다.

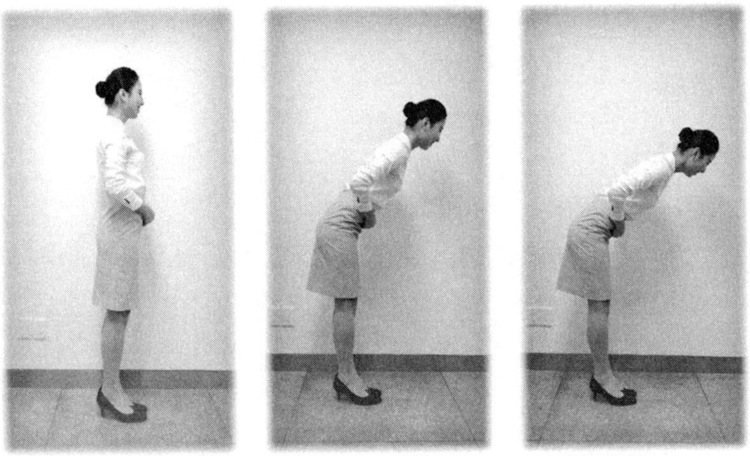

3) 인사의 종류

상황에 맞는 인사로 정중례, 보통례, 목례가 있는데 승객 탑승 시 또는 하기 시 정중례로 인사를 한다. 비행 중에 승객 응대 시 보통례로 예의를 갖추고 좁은 기내 복도나 갤리 등 인사하기 불편한 장소에서는 목례로 승객에게 인사를 한다.

(1) 정중례

- 45도 인사
- 정중한 인사의 표현
- 감사의 표현을 할 때
- 사과의 표현을 할 때
- 면접 인사를 할 때

(2) 보통례

- 30도 인사
- 일방적인 인사의 표현
- 보통 만나거나 헤어질 때 인사
- 일반적인 방문이나 초대 시

(3) 목례

- 15도 인사
- 가벼운 인사
- 인사하기 어려운 장소 엘리베이터 안, 협소한 장소 등에서
- 동료 나 친분이 높은 사이에서 가볍게 인사
- 보통례 인사를 하고 곧 바로 다시 만났을 때

4) 인사의 자세

인사는 인간관계에 매우 중요한 일이므로 정중하게 표현해야 한다. 상대방에게 불쾌감을 느끼게 하는 인사는 자신의 이미지를 좋지 않게 만들고 인간관계를 망치는 결과를 가져올 수 있다.

Check!!

✔ 아무 표정 없이 형식적으로 인사인가?
✔ 적극적이지 못한 망설임이 느껴지는 인사인가?
✔ 성의 없이 고개만 까딱하는 인사인가?
✔ 상대의 시선을 마주치지 않는 인사인가?
✔ 턱을 들고 상대방의 얼굴을 빤히 보면서 하는 인사인가?
✔ 고개가 비스듬한 자세로 하는 인사인가?
✔ 앞머리가 길어 머리를 뒤로 넘기면서 하는 인사인가?

3. 자세와 동작

승무원은 공항 내 또는 기내에서 승객들의 시선이 많이 머무른다. 밝은 표정을 유지하는 것만큼 바른 자세를 유지하는 것도 정중한 마음의 표현이다. 일반적으로 자세가 바른 사람은 신뢰감을 주고 업무 능률도 높일 수 있다. 자신의 자세를 체크하여 바르지 못한 자세를 교정과 자세 습관을 통해 올바른 자세를 유지하도록 한다.

1) 바르게 선 자세

Check!!

- ✔ 가슴과 등은 곧게 펴고 어깨에 힘을 뺀다.
- ✔ 배는 힘을 주어 앞으로 나오지 않도록 한다.
- ✔ 팔은 자연스럽게 늘어뜨리고 양손은 둥글게 살짝 쥔다.
- ✔ 발뒤꿈치는 붙이고 발끝은 V형으로 30도 정도로 벌린다.
- ✔ 무릎을 붙인다.
- ✔ 턱을 당기고 시선은 정면을 향한다.
- ✔ 여성의 경우 오른손을 위로하여 앞으로 모은다.

2) 올바르지 못하게 서 있는 자세

기내에서는 서 있는 시간이 비교적 많으므로 바른 자세를 유지하는 것이 승객에게 신뢰감 있는 이미지를 줄 수 있을 뿐만 아니라 자신의 건강유지에도 도움이 된다. 평소 자신의 자세를 확인해보고 다음과 같은 올바르지 못한 자세라면 바른 자세를 유지하도록 노력해야 한다.

Check!!

- ✔ 상반신을 앞으로 굽히거나 뒤로 누운 자세
- ✔ 습관적으로 주머니에 손을 넣고 서 있는 자세
- ✔ 무릎을 벌리고 서 있는 자세
- ✔ 상체나 머리가 한 쪽으로 기울어진 자세

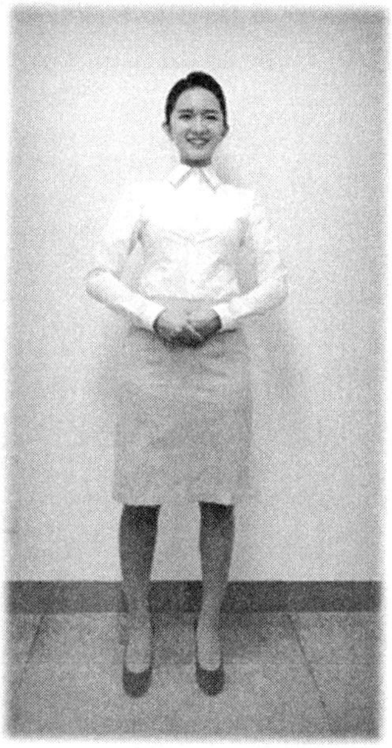

2) 바르게 앉는 자세

항공기 이·착륙 시 승무원들은 지정된 승무원좌석(Jump seat)에 착석한다. 승무원좌석은 승객좌석과 마주보고 앉도록 위치해 있다. 승무원 좌석이나 면접 시 의자에 앉을 때 바르게 앉는 자세는 상대방에게 편안함과 신뢰를 줄 수 있다.

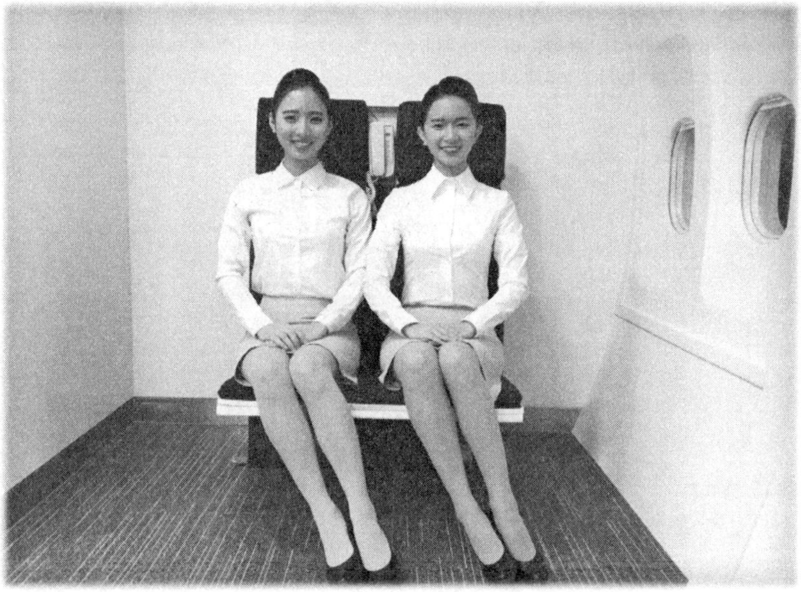

Check!!

- ✔ 앉을 때는 한쪽 발을 뒤로 당겨 균형을 잡고 앉는다.
- ✔ 여성의 경우 스커트 뒷자락을 한 손으로 잡고 앉는다.
- ✔ 어깨 너머로 의자를 보고 의자 깊숙이 앉는다.
- ✔ 다른 한 발을 당겨 나란히 붙여 비스듬히 내놓는다.
- ✔ 남성의 경우 무릎은 어깨넓이로 벌리고 양손은 주먹을 가볍게 쥐어 무릎 위에 놓는다.

- ✔ 여성의 경우 치마 끝을 오른손이 위로 가도록 하여 살짝 누른다.
- ✔ 의자와 등 사이는 주먹하나 정도의 간격을 두고 앉는다.
- ✔ 턱은 당기고 시선은 정면, 상대의 눈을 본다.

3) 바르게 걷는 자세

Check!!

- ✔ 턱을 당기고 시선은 자연스럽게 앞을 본다.
- ✔ 어깨에 힘을 빼고 팔은 자연스럽게 흔들며 무릎은 스치듯 걷는다.
- ✔ 발 앞 끝이 먼저 바닥에 닿도록 하며 걷는 방향이 직선이 되도록 한다.
- ✔ 발 앞모양이 서로 모아지거나 벌려 걷지 않는다.
- ✔ 구두소리가 나지 않도록 체중은 발 앞에 싣는다.
- ✔ 적당한 속도로 걸으며 한 줄 위를 걷는 것처럼 걷는다.

5) 방향 지시 자세

Check!!

- ✔ 손가락을 가지런히 모으고 손바닥을 위로하여 손 전체로 방향 지시한다.
- ✔ 손등이 보이거나 손목이 굽지 않도록 한다.
- ✔ 팔꿈치를 굽히면서 가리키고 팔의 각도로 거리감을 표시한다.
- ✔ 시선은 상대의 눈 → 지시하는 방향 → 상대의 눈으로 상대의 이해도를 확인한다.
- ✔ 우측을 가리킬 경우는 오른손, 좌측을 가리킬 경우에는 왼손을 사용한다.
- ✔ 사람을 가리킬 경우에는 두 손을 사용한다.
- ✔ 뒤쪽에 있는 방향을 지시할 때에는 반드시 몸의 방향도 뒤로하여 가리켜야 한다.
- ✔ 한 손가락이나 고개 짓으로 지시하지 않는다.
- ✔ 상대방을 보지 않고 지시하지 않도록 주의한다.

6) 물건 주고받는 자세

Check!!

- ✔ 양손을 사용하여 물건을 건넨다.
- ✔ 상대방이 사용하기 쉬운 방향으로 전달한다.
- ✔ 물건을 건네주는 위치는 가슴부터 허리사이가 되도록 한다.
- ✔ 물건을 전달하면서 물건명을 말한다.
- ✔ 밝은 표정과 함께 시선은 상대방의 눈 → 전달할 물건 → 상대방의 눈을 본다.

7) 물건을 줍는 자세

Check!!

- ✔ 한 쪽 발은 내밀고 무릎을 모아 그대로 굽혀 물건을 줍는다.
- ✔ 양다리를 붙이고 깊이 옆으로 앉았다 일어선다.
- ✔ 상체는 가급적 숙이지 말고 편다.
- ✔ 무릎을 굽히지 않은 채 상체만 굽혀 줍지 않도록 한다.

제2장 스타일 메이크업

1. 나에게 어울리는 칼라

1) 칼라가 주는 이미지

1편에서 언급하였듯이 우리는 모두 각 자 타고난 이미지를 가지고 있다. 강한, 부드러운, 따뜻한, 차가운, 귀여운, 청순한 등의 이미지가 있다. 우리는 첫인상의 이미지를 호감 있는 이미지로 연출하기 위해 많은 노력을 하고 있다. 일상에서 좋아하는 색의 옷을 입고 나왔을 때 화사하게 잘 어울린다는 얘기를 들을 때도 있지만 아파보인다거나 별 반응이 없을 때도 있을 것이다. 이는 자신이 좋아하는 컬러와 상관없이 자신과 어울리거나 어울리지 않는 컬러의 옷을 입었을 때 흔히 일어날 수 있는 일이다. 이러한 사실은 자신과 어울리는 옷의 색상에 따라 자신의 이미지도 영향을 준다는 색채연구가들의 연구결과에서 알 수 있다. 자신의 타고난 자연색과 어울리는 컬러와 함께 있으면 화사하고 건강해 보이지만 그렇지 않은 컬러와 함께 있으면 얼굴이 생기가 없고 아파 보인다. 그래서 같은 색상의 옷을 입더라도 피부색에 따라 달라 보이는 이유가 있는 것이다. 그래서 아름답고 호감 있는 이미지를 위해 자신의 타고난 색과 그에 어울리는 색을 알아내어 옷을 제대로 입는 것이 중요하다.

2) 칼라 진단방법

피부색은 붉은색을 띠는 헤모글로빈 색소, 검정색을 띠는 멜라닌 색소, 노란색을 띠는 카로틴 색소로 결정짓는데 이 중에 어느 색소를 많이 가지고 태어났느냐에 따라 피부색이 결정되어진다. 이 색소를 가진 사람의 피부색, 눈동자 색 그리고 머리카락의 색으로 고유의 컬러를 진단한다. 푸른빛과 흰 빛이 나타나면 차가운 색, 노르스름한 빛이 나타나면 따뜻한 색으로 구분한다.

Check!!

- ✔ 피부바탕색
- ✔ 눈동자 색: 동양인의 눈동자 색은 밝은 브라운과 어두운 브라운으로 나눈다.
- ✔ 두피 색상: 자외선 노출이 적은 뒤통수 부분이 고유의 피부색을 띠고 있다.
- ✔ 머리카락 색상
- ✔ 손목 안쪽 색상
- ✔ 뒷목 밑의 피부 색상

① 피부 바탕색이 그대로 보이도록 화장기 없는 맨 얼굴의 상태가 좋다.

② 오전 11:00 ~ 오후 3:00 경 햇빛이 비치는 창가나 자연광과 비슷한 중성 빛으로 95~100W가 좋다.

③ 머리카락 색상으로 색 진단에 혼동을 줄 수 있으므로 머리카락은 가능한 보이지 않게 흰 천이나 흰색 수건으로 씌워 준다.

④ 액세서리 빛으로 인하여 색 진단에 혼동을 줄 수 있으므로 착용하지 않는다.

⑤ 얼굴만 보일 수 있도록 목 아래쪽으로 검은 천이나 종이로 가리고 고정시킨다.
⑥ 색상 진단을 받기 2주 전에 비타민A, 케로틴 성분 등 피부 색상에 영향을 줄 수 있는 약을 복용한다면 중지하고 SUN TAN도 삼가한다.
⑦ 여러 가지 색깔의 천을 목 아래 상체에 차례대로 갖다 대며 변화되는 피부색을 관찰한다. 이 때 어울리는 색을 대면 피부색은 보다 밝아지고 건강해 보인다. 그러나 어울리지 않는 색을 대면 어둡고 아파보이는 현상이 나타난다.

이러한 결과를 근거로 자신이 타고난 컬러를 진단하여 피부색이 어떻게 변화하는가를 관찰하여 진단할 수 있다.

3) 색상 진단의 필요성

① 자신의 결점을 색으로 보완할 수 있다.
② 자신감이 생긴다.
③ 눈동자가 선명하게 보여 좋은 인상을 준다.
④ 피부 톤이 생기 있고 건강하게 보인다.
⑤ 자신을 돋보일 수 있는 것을 선택으로 실속 있는 경제생활을 할 수 있다.
⑥ 밝고 세련된 모습을 연출한다.

4) 나에게 어울리는 컬러

우리는 좋아하는 색상과 어울리는 색상에서 오류를 범하는 경우가 흔히 발생한다. 예를 들어 평소 좋아하는 색상으로 새로 구입한 옷을 입었는데 자신의 피부색과 어울리지 않아 아프냐는 소리를 듣는 경우가 종종 있다. 어울리지 않는 색상의 옷은 입었을 때 얼굴의 잡티가 도드라져 보이고 얼굴색이나 눈빛이 생기가 없어 늙어 보이거나 피곤해 지쳐 보일 수 있기 때문이다. 이처럼 좋아하는 색과 어울리는 색이 일치하여 자신을 돋보이게 하지 않는다. 하지만 자신의 피부색과 어울리는 옷은 입고 있는 사람을 돋보이게 한다. 얼굴색이 화사하고 깨끗해 보이며 생기가 돌아 젊어 보이게 한다. 호감 있는 이미지를 연출하기 위해서 자신에게 가장 어울리는 피부색을 알고 시각적으로 조화와 균형을 이루어 자신의 가치를 높이는 것이 중요하다.

(1) 찬 사람/따뜻한 사람

Check!!

- ✔ 머리카락 색상, 눈동자 색상, 피부색 등 자신의 고유색으로 구분한다.
- ✔ 찬 사람은 머리카락 색상이나 눈동자 색이 검고 피부색이 푸른빛이 도는 희거나 검은 피부색이다.
- ✔ 따뜻한 사람은 머리카락 색상이나 눈동자 색이 부드러운 갈색으로 피부색이 노란빛이 도는 희거나 검은 피부색이다.

(2) 부드러운 사람/강한 사람

Check!!

- ✔ 눈빛이나 얼굴색에서 부드러운 느낌이나 강한 느낌을 받을 수 있다.
- ✔ 부드러운 느낌을 주는 사람은 부드러운 눈빛과 화사한 피부색을 가진 사람이다.
- ✔ 강한 느낌을 주는 사람은 맑은 눈빛과 윤기 나는 머리카락과 투명한 피부색을 가진 사람이다.

2. 컬러 계절

피부색이 나타내는 차고 따뜻함, 강하고 부드러움은 자신의 이미지를 만드는데 중요한 특성이 된다. 이외에도 색채 전문가들의 연구에 의해 사람과 색상의 특성을 분류하여 정리한 퍼스널 컬러 사계절 팔레트 이론이 있다.

1) 봄 컬러

(1) 봄컬러의 특징

Check!!

✔ 발랄함과 생기 있고 젊어 보이며 귀여운 스타일이다.
✔ 부드럽고 윤기나는 머리카락, 갈색의 맑고 강한 눈동자 색상, 희고 투명한 피부이다.
✔ 맑고 투명한 피부로 인하여 얼굴에 기미 잡티가 생기기 쉽고 잘 도드라져 보인다.
✔ 노란색을 바탕으로 빨간, 파란, 초록, 주황, 보라 등의 명도와 채도가 높은 선명한 원색계열
✔ 노란색을 바탕으로 밝고 화사한 원색과 중간색의 베이지, 핑크, 산호, 주황, 노란, 연두, 옥색 등이 잘 어울린다.
✔ 검정색, 회색, 청회색, 은색, 와인 색 등 흰빛과 푸른빛이 도는 차가운 계열의 색상이나 어둡고 칙칙한 색상은 어울리지 않는다.

(2) 봄 컬러 이미지 연출법

- 노란빛이 도는 아이보리색, 광택 나는 따뜻한 느낌의 옷이 피부색과 잘 어울려 돋보인다.
- 차가운 색과 푸른빛이 도는 순백색이나 핑크색은 생기없어 보이고 검정색과 같은 어두운 색은 융통성이 없고 딱딱해 보인다.
- 액세서리는 골드 톤이나 호박과 같은 노란빛의 광택 나는 것이 좋다.

2) 여름 컬러

(1) 여름컬러의 특징

Check!!

- ✔ 시원함과 부드러운 느낌이다.
- ✔ 머리카락은 차가운 느낌이 도는 회갈색이나 밝은 갈색으로 윤기가 없고 건조하며 가는 편이다.
- ✔ 눈동자 색상은 부드러운 갈색이지만 붉은 기가 돌아 차가운 느낌이 많다.
- ✔ 피부색은 핑크빛이 도는 여성스러움과 창백함이 느껴지는 흰 피부가 특징이다.
- ✔ 흰색을 바탕으로 아이보리, 연핑크, 연보라, 아쿠아블루 등 파스텔 톤이다. 대부분의 색에 흰색과 파란색이 들어 있어 부드럽지만 차가운 느낌을 준다.

✔ 파스텔 계열, 화이트 베이지, 연블루, 연회색, 연보라계열 등이 잘 어울리고 포인트로 자주색이나 블루 색상이 좋다.
✔ 검정색, 흰색, 어두운 색, 광택이 있는 색, 따뜻한 색은 어울리지 않는다.

(2) 여름 컬러 이미지 연출법

- 여름 사람은 모든 계절 이미지 중 가장 좋은 인상을 가진 타입이다.
- 푸른색과 부드러운 파스텔 톤이 가장 잘 어울린다.
- 은 소재의 액세서리가 잘 어울리고 아이보리색 진주도 좋다.
- 짙은 어두운 색, 황금색, 오렌지색은 어울리지 않는다.

3) 가을 컬러

(1) 가을컬러의 특징

Check!!

✔ 가을 사람은 상대방에게 친근한 이미지로 편안함을 주는 여성스러운 이미지로 차분하고 부드러운 느낌을 준다.

✔ 머리카락과 눈동자 색은 짙은 갈색의 그윽함과 포근함을 가지고 있어 부드러운 인상이며 머리카락은 대체로 윤기가 없고 푸석푸석하다.

✔ 피부색은 부드럽고 노란기가 돌고 윤기가 없고 햇볕에 잘 타는 타입이다.

(2) 가을 컬러 이미지 연출법

- 가을 사람에게 부드러운 베이지, 카멜색, 갈색, 그린, 엘로우 그린, 올리브 그린, 포레스트 그린, 레드 등 짙은 가을 숲이 연상되는 차분하고 따뜻한 자연의 색이 잘 어울린다.
- 나무, 상아, 가죽 자연재질의 액세서리가 좋다.
- 밝고 화사한 원색, 선명하고 채도가 높은 색상이나 공단천과 같은 광택 나는 옷감도 어울리지 않는다.
- 순백색, 검정색, 와인색, 보라색, 회색 차가운 느낌의 푸른톤은 생기 없어 보인다.

4) 겨울 컬러

(1) 겨울 사람에 어울리는 색깔

Check!!

- ✔ 겨울 사람은 차갑고 도시적이며 이지적인 강한 이미지를 가지고 있다.
- ✔ 개성적이며 화려하고 강렬한 인상을 가졌다.
- ✔ 머리카락은 암갈색의 윤기가 있고 나이가 들어 백발이 가장 잘 어울리는 타입이다. 와인색 염색도 잘 어울린다.
- ✔ 눈동자는 차가운 푸른빛이 도는 검정색이거나 암갈색이다. 특히 눈의 흰자위는 푸른 기가 도는 흰색으로 눈빛이 차고 강렬한 인상을 풍긴다.
- ✔ 윤기나는 흰 피부는 푸른기가 돌아 창백한 느낌을 준다.
- ✔ 햇볕에 잘 타고 기미, 주근깨가 잘 생긴다.
- ✔ 푸른색과 검정색을 기본색으로 지닌 감색, 회색, 검정, 와인, 청보라 등 차가운 톤, 선명하고 채도가 높은 짙은 색의 레드나 와인, 자주계열, 네이비블루 계열이나 청블루, 청회색, 청보라계열의 강하고 심플하며 화려한 특징을 가지고 있다.

(2) 겨울 컬러 이미지 연출법

- 찬색을 지닌 검정과 순백색과 잘 어울리고, 흰 빛을 지닌 연한 파스텔 톤과 푸른빛을 지닌 원색이 포인트로 잘 어울린다.
- 액세서리 중 다이아몬드가 가장 잘 어울리고 금과 주석, 순백색의 진주도 잘 어울린다.
- 따뜻한 느낌의 원색이나 황색계열, 파스텔 톤은 어울리지 않는다.

3. 뷰티 메이크업

메이크업은 자신의 얼굴에서 아름다움을 찾아내는 것이다. 메이크업을 통해 자기 얼굴의 장점을 돋보이게 하고 단점을 최소화시켜 자신감을 향상하는 것이다.

객실 승무원은 장시간동안 기내에서 화장을 유지하고 있어야 한다. 비행 중간에 메이크업을 지우고 다시 할 시간적 공간적인 여유가 없기 때문에 기초화장부터 지속력 높일 수 있는 화장을 해야 한다. 또한 기내 조명은 약간 어둡고 실내이기 때문에 화장을 흐리게 하거나 쉽게 지워지는 화장을 한다면 아파보이는 인상을 주어 승객들에게 불편함을 줄 수 있다. 최근 메이크업의 동향은 피부 표현을 약하게 하는 누드 메이크업, 물광 메이크업이다. 하지만 이러한 화장은 지속력을 떨어뜨리고 유니폼에 어울리지 않으므로 지양해야 할 것이다.

1) 여승무원 메이크업

(1) 메이크업 도구

메이크업 도구를 적절히 사용하여 메이크업의 효과를 극대화하는 것이 중요하다. 메이크업에 필요한 도구를 다음과 같다.

브러시의 종류

① 브러시

브러시는 종류별로 사용하는 용도가 다르며 브러시 사용 시 유의할 점은 브러시 사용한 후 남아있는 샤도우를 털러내어 다음 사용 시 색상이 섞이는 것을 방지하여야 한다.

브러시의 종류	사용예
아이브로우브러시	사선모양으로 다크 브라운색 섀도우로 눈썹의 형태를 잡는다.
노즈 섀도우용	눈썹 앞머리의 바로 아래 부분부터 코 옆선을 가볍게 터치한다.
베이스 브러시	브러시 폭이 12~15mm정도로 납작하고 넓은 모양으로 아이보리색이나 흰색의 섀도우를 기본 바탕색으로 할 때 사용한다. 브러시의 넓은 면을 이용하여 터치한다.
메인 브러시	브러시 폭이 8~10mm 정도로 원하는 섀도우 색상을 연출 시 사용한다. 눈두덩의 1/3정도로 색상을 연출한다.
포인트용 브러시	포인트용은 10mm 전후 정도로 아이라인을 그리기 전에 포인트용 브러시로 라인을 그린다. 펜슬 타입의 라인을 그리기 전에 사용하면 눈가 번짐을 방지할 수 있다.
파운데이션 브러시	파운데이션 브러시는 파운데이션을 바를 때 사용하게 되며 촉촉한 피부표현을 연출할 수 있다.
Cheek brush	볼터치를 할 때 사용하게 되는 브러시로 모가 둥글고 통통하게 올라와 있는 것이 특징이다.
Powder brush	파운데이션을 한 후 보송보송하고 자연스러운 피부를 연출하기 위해 파우더 브러시를 사용하게 된다.

② Eye 메이크업 도구

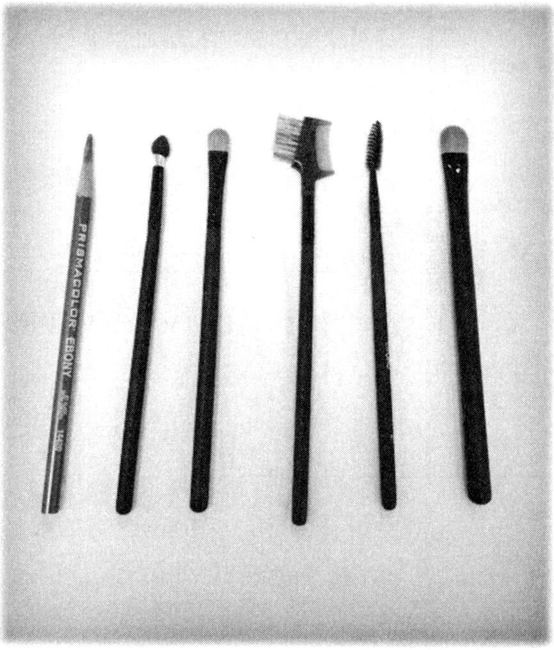

Eye 메이크업도구	사용예
Eye base brush	브러시가 납작하고 넓으며 둥근 형태로 아이섀도우를 바를 때 사용한다. 눈두덩이 전체에 베이스 컬러를 넓게 펴 바르거나 그라데이션 할 때 사용한다.
Point brush	끝이 둥글고 길이가 짧은 형태의 브러시로 힘이 있어 속 눈썹 등의 섬세한 라인을 그릴 때 사용한다. 포인트 컬러를 사용하여 속눈썹을 따라 라인을 섀딩하거나 명함을 줄 때 사용하면 좋다.
Screw brush	펜슬로 눈썹을 그리기 전에 눈썹을 잘 빗어주어 눈썹의 결을 정리하는데 사용한다. 마스카라를 칠 한 후 뭉친 속눈썹을 정돈할 때 사용하면 좋다.

Eye 메이크업도구	사용예
사선형 눈썹 brush (Slant eyebrow brush)	브러시 끝을 사선으로 만들어 눈썹의 윤곽을 그리거나 색감을 채울 때 아이섀도 및 눈썹연필과 함께 사용하게 된다.
Eyeliner brush	아이라인을 그릴 때 섬세하고 또렷한 연출을 할 때 사용한다. 끝이 가늘고 탄력이 좋아 잘 모아지는 형태와 납작한 형태의 것이 있다.
Tip brush	스펀지 재질로 된 브러시로 강한 포인트색을 주고자 할 때 사용하면 좋다. 가루날림 적어 눈에 예민한 사람이 사용하기에 적합하다.
Evony pencil	눈썹의 모양을 잡아 줄 수 있는 펜슬의 형태로 사용 시 깍을 때 끝부분을 뾰족하고 납작하게 깍아 쓰면 사용하기 좋다.
Eyelash curler	속눈썹에 자연스러운 컬을 주어 살짝 올려줄 수 있는 도구로서 마스카라를 바르기 전 눈썹을 집어서 컬을 만들어 눈을 크고 선명하게 연출할 수 있다.
Tweezer	눈썹모양을 다듬거나 속눈썹을 붙일 때 인조 속눈썹을 집을 때 사용하는 도구(족집게)로 과하게 오랜 기간 사용하게 되면 피부의 손상을 줄 수 있으므로 사용을 자제하는 것이 좋다.

③ Lip 메이크업 도구

Lip 메이크업 도구	사용예
Lip liner pencil	입술의 윤곽선을 더욱 또렷하게 표현할 수 있는 도구이다.
Lip brush	립스틱을 바를 때 사용하는 브러시로 색상을 다르게 사용할 때는 반드시 잘 닦아낸 후 색깔이 겹치지 않도록 해야 하며 털의 결 방향을 잘 관리하는 것이 중요하다
Lipliner brush	입술 산, 입술 구각과 같이 섬세하게 선을 그려야 하는 립 라인 처리에 효과적이다.

(2) 메이크업 순서

MEMO 메이크업 순서

클렌징 → 기초화장 → 자외선 차단제/메이크업 베이스 → 파운데이션 → 파우더 → 눈썹 → 아이섀도우 → 아이라인 → 마스카라 → 볼 화장

① 클린징 & 폼 클린징

객실 승무원 깔끔한 이미지는 깨끗한 피부에서 시작된다. 메이크업은 깨끗한 피부상태에서 더 돋보일 수 있다. 메이크업에서 가장 중요한 부분을 차지하고 있는 깨끗한 피부를 유지하는 방법은 꼼꼼한 클렌징과 스킨케어를 올바르게 하는 것이다.

i) 클린징의 종류

클린징의 종류	사용예
메이크업 리무버	색조화장, 아이라인, 섀도우, 마스카라, 립스틱 같은 포인트 메이크업을 지울 때 사용되는 전용 클렌징 제품으로 오일제품이 일반적이다.
크림타입	짙은 화장을 지우는데 사용하며 건성 피부에 적합하다.
로션타입	가벼운 화장을 지울 때 사용하며, 민감성, 중성 피부에 적합하다.
워터타입	가벼운 화장을 지울 때 지성, 복합성 피부에 적합하다.
오일타입	짙은 화장을 지울 때나 포인트 화장을 지울 때 사용하며 건성피부에 좋다. 자극 없이 화장을 지울 수 있는 장점이 있다.

ii) 아이 립메이크업 지우기

화장을 할 때 신경 써서 하는 곳이며 많은 색조 화장을하기 때문에 눈가 · 입가 전용 리무버를 이용해서 꼼꼼하게 지우는 것이 중요하다.

Check!!

① 화장 솜에 리무버를 듬뿍 묻힌다.

② 리무버를 적신 화장 솜을 눈두덩에 약 30초 정도 덮고 기다린다.

③ 화장 솜을 언더라인을 얼굴 안쪽에서 바깥쪽 방향으로 가볍게 문질러 닦아준다.

④ 눈두덩은 위에서 아래 방향으로 쓸어내리듯이 닦아 준다.

⑤ 화장 솜을 접어 빼며 마스카라를 지워 준다.

⑥ 리무버를 묻힌 깨끗한 면봉으로 눈 점막 사이사이 꼼꼼히 문질러 닦는다. 언더라인도 같은 방법으로 지워 준다.

⑦ 리무버를 듬뿍 묻힌 화장 솜을 입술에 약10초 정도 지그시 눌러 준 후 화장 솜을 접어 남은 립 메이크업을 지운다.

③ 전체 메이크업 지우기

맑고 깨끗한 피부를 유지하기 위해 꼼꼼하게 화장을 지우도록 한다. 화장을 지울 때는 피부 결에 따라 안쪽에서 바깥쪽으로 마사지 한다. 모공 노폐물을 빼낸 후 노폐물이 다시 모공 속으로 들어가 트러블을 일으킬 수 있기 때문에 신속하게 닦아내는 것이 중요하다. 클렌징 시간은 2분 이내가 가장 좋다.

Check!!

① 자신에 맞는 클렌징 타입의 제품을 얼굴 다섯 부분에 나누어 올린다.

② 손끝을 이용해 안에서 바깥쪽으로 신속하게 마사지하듯 타원을 그린다.

③ 모공 속에 노폐물을 밀어내듯 닦는다.

④ 비누나 폼을 손에서 적당히 거품을 만들어 피부에 살살 문지른다.

⑤ 미지근한 물로 세안을 하고 마지막 헹구는 물은 찬물로 헹군다.

⑥ 수건으로 물기를 닦아 낼 때 문지르지 말고 톡톡 두드리듯 닦아낸다.

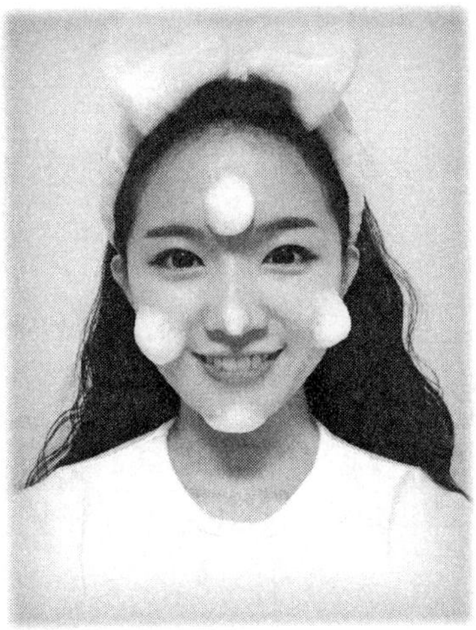

(3) 기초 화장

기초 제품을 선택 할 때는 자신의 피부타입을 아는 것이 중요하다. 자신의 피부와 맞지 않은 제품을 선택 하면 트러블이 생길 수 있기 때문에 선택함에 있어 전문가의 도움을 받는 것도 좋은 방법이다.

MEMO 손 쉬운 피부타입 자가진단

① 저녁에 깨끗하게 세안한다.
② 아무것도 바르지 않은 상태에서 15~20분 정도 기다린다.

✔ 지성: 전체적으로 피지가 나타나 번들거리기 시작한다.
✔ 중성: 얼굴이 당김이 없고 다른 느낌을 발견하지 못한다.
✔ 건성: 얼굴이 당기고 버석거리는 느낌이 있다.

① 스킨

스킨의 역할은 세안 후 얼굴에 남아있는 노폐물을 제거하고 피부 결을 정돈하는 역할과 피부에 수분을 공급하는 역할을 한다.

Check!!

✔ 화장솜에 스킨을 충분히 적셔 얼굴 전체에 듬뿍 스며들게 한다.
✔ 스킨 묻힌 화장솜을 얼굴에 가볍게 톡톡 두드리듯이 패팅해서 얼굴 전체에 스며들도록 한다.
✔ 세안 후 30초 내에 스킨케어를 시작해서 보습효과를 극대화 하도록 한다. 피부의 수분율이 떨어져 주름, 탄력 등 피부의 노화를 야기 할 수 있다.

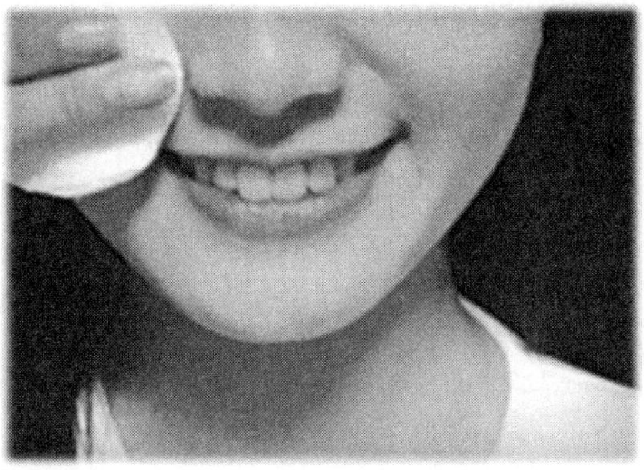

② 아이크림

눈 주위는 피지가 거의 없기 때문에 쉽게 건조해지고 주름이 생기기 쉽다. 눈 주위 보습과 주름을 방지하기 위해서 아이크림을 꼼꼼하게 바른다.

Check!!

✔ 눈 위, 아래, 좌, 우 모두 소량을 부드럽게 살살 두드리듯 바른다.

✔ 눈 아래 깊은 주름이나 눈꼬리의 주름은 두 손 가락을 이용해 가위모양으로 주름을 피면서 아이크림을 발라주면 깊은 주름 사이에도 스며들게 할 수 있다.

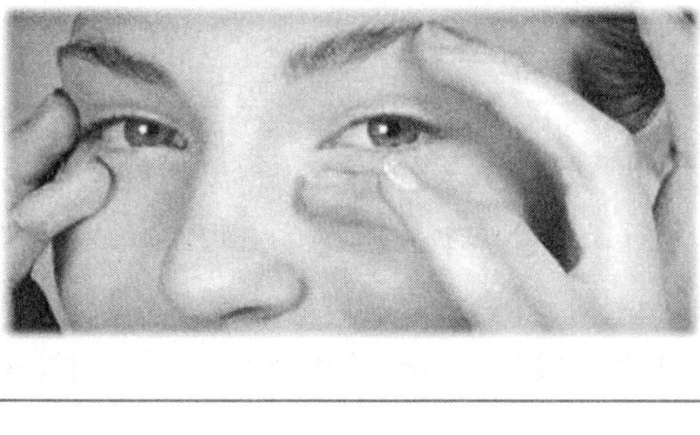

③ 에센스

기내는 매우 건조하고 수분이 부족하기 때문에 보습기능이 탁월한 에센스는 필수이다. 피부를 잘 정돈하고 에센스를 바르게 되면 흡수력이 좋고 효과를 극대화 시킬 수 있다. 에센스는 미백기능, 보습기능, 안티에이징, 모공 에센스 등 효과가 강한 성분을 함축하고 있는 기능성 제품이 많으므로 피부 타입과 목적에 따라 제품을 선택 한다.

Check!!

✔ 손 등에 적당량 펌핑 한 후 이마, 볼, 턱 등에 나누어 피부결을 따라 부드럽게 원을 그리듯 흡수 시킨다.

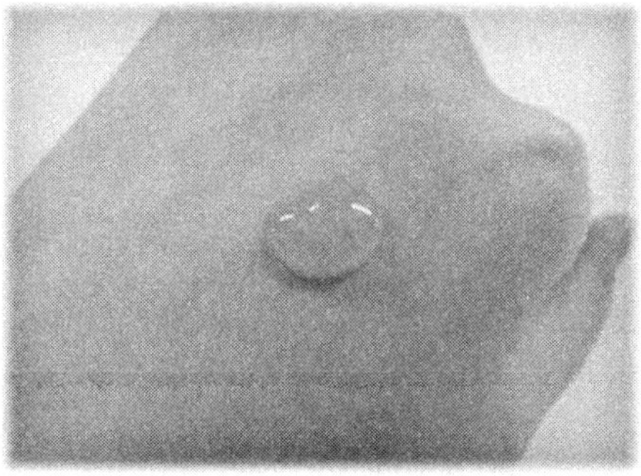

④ 로션 및 영양크림

로션 및 영양 크림은 전 단계에서 수분 보호를 강화하는 역할과 유수분 밸런스를 맞추기 위한 역할을 한다. 수분크림과 영양크림으로 구분할 수 있다. 수분크림은 피부의 보호막이 생성되어 수분이 증발되는 것을 막는 역할을 하는데 건성 피부는 크림타입이 좋고 피지 분비가 왕성한 여름철이나 지성피부는 젤 타입이 좋다. 영양크림은 낮 동안 지친 피부를 쉬게 하고 피부 깊숙이 영양을 전달할 수 있도록 오후에 사용하는 것이 좋다. 건성 피부의 경우 Day전용제품으로 낮에도 영양크림을 사용하면 피부의 당김을 완화하는데 도움이 된다.

Check!!

✔ 진주알 크기로 덜어내어 얼굴에 나누어 얇게 펴 바른다.
✔ 손바닥 열을 이용하여 눌러 완전히 밀착 흡수 시킨다.
이 때 크림이 충분히 흡수되고 밀착될 수 있도록 시간을 충분히 주는 것이 좋다.

⑤ 자외선 차단제

자외선 차단제는 365일 사용해야 하는 중요한 기초화장품이며 피부의 노화방지에 도움이 되는 필수적인 제품이다. 특히 비행 중 고도는 33,000피트 이상이기 때문이 자외선이 기체 내부로도 영향을 미치고 있다. 야간 비행이라도 자외선 차단제를 바르는 것을 권장한다.

자외선에는 UVA와 UVB가 있는데 자외선 차단제에 표기되어 있는 PA는 UVA, SPF는 UVB차단지수를 말한다. UVA는 진피에 침투해 콜라겐을 파괴하여 표피를 얇게 만들고 기미나 주근깨와 같은 색소침착과 피부암까지 유발할 수 있다. PA는 자외선 A(UVA)를 차단하며 +를 붙여 수치를 나타내는데 ++가 높을수록 차단력이 크다. SPF 지수는 자외선 차단 지속 시간과 관계가 있다. 주로 SPF1은 15분 정도의 차단 지속력이 있다. SPF지수가 높을수록 차단시간이 오래 지속된다. 그러나 지수가 너무 높은 것은 피부 트러블을 유발할 수 있기 때문이 겨울철에는 SPF12~25, 여름철에는 SPF30~40 사이가 가장 무난하다.

(4) 피부화장

① 메이크업 베이스

메이크업 베이스는 피부 톤 조절과 파운데이션을 밀착시키고 오래 지속될 수 있는 역할을 한다. 하지만 많은 양을 바르면 파운데이션이 밀릴 수 있으므로 소량을 사용하는 것이 효과적이다. 메이크업 색상에 따라 피부 톤을 조절하는 기능이 다르므로 자신에게 맞는 색상을 선택한다.

색상	피부타입
그린계열	여드름 등으로 붉은 기가 많은 피부에 적합하다.
핑크계열	혈색이 없고 창백한 피부에 적합하다.
보라계열	피부색이 노란 경우 중화하여 화사한 피부 톤을 위해 사용 하면 좋다.
화이트계열	어둡고 칙칙한 피부에 사용하거나 T-zone부위에 하이라이트로 사용할 수 있다.
오렌지계열	태닝피부처럼 검게 그을린 피부에 적합하다.
블루계열	기미나 주근깨 피부이거나 잡티가 많은 피부에 적합하다.

Check!!

✔ 손이나 스펀지, 브러시를 사용하여 피부 결을 따라 얼굴 안쪽부터 바깥쪽으로 바른다.

✔ 파운데이션 전 단계에서 사용하며 소량으로 얇게 바르도록 한다.

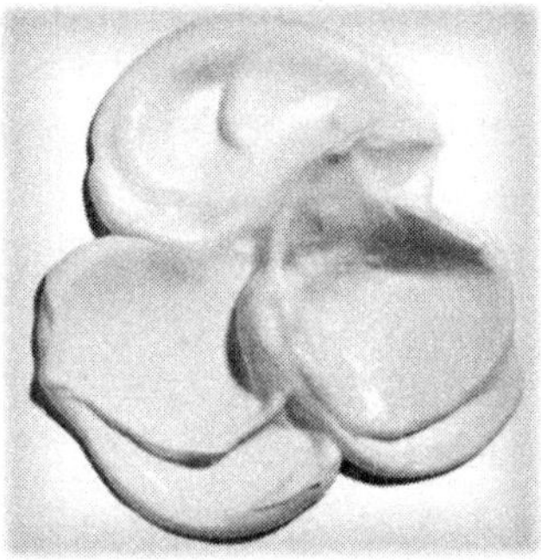

② 파운데이션

장시간 비행을 해야 하는 객실 승무원의 화장은 지속력을 높일 수 있는 제품을 선택하는 것이 좋으며 트윈케익 제품보다는 파운데이션을 사용하는 것이 효과적이다. 파운데이션은 메이크업의 완성도를 차지하는 중요한 단계로 얼굴의 윤곽조절, 피부 보호의 기능을 하고 얼굴의 결점을 커버 할 수 있으며 비행 중에 수정 화장을 자연스럽게 할 수 있는 역할을 한다. 파운데이션의 색상을 선택할 때에는 본인의 피부 톤과 맞는 것을 선택하고 목과의 경계선이 생기지 않도록 목까지 꼼꼼히 발라준다.

파운데이션은 스펀지 퍼프를 이용하여 얼굴의 넓은 면부터 펴 바르는 것이 좋으며 많은 양을 한 번에 바르는 것보다 소량을 여러 번 덧바르는 것이 자연스럽고 밀착력을 높일 수 있다.

i) 파운데이션 농도에 따른 종류

파운데이션	피부타입
리퀴드	모든 피부타입에 사용할 수 있다. 적당한 수분과 가볍고 부드러운 커버력이 장점이다. 승무원이 사용하기 가장 적합하다. 너무 묽은 제품은 커버력이 떨어지는 단점이 있다.
크림타입	건성피부에 적합한 제품이다. 잡티가 얼굴 전체적으로 많은 경우 좋다. 장시간 비행 시 뭉치거나 들뜨는 현상이 나타날 수 있다. 소량을 여러 번 반복하여 바르는 것이 지속력을 높일 수 있다.
스틱형	커버력과 밀착력이 우수하다. 펴 바르기가 쉽지 않고 뭉침이 있어 사용하기 어려운 제품이다.
팩트타입	화장을 단 시간 내에 할 수 있다는 장점이 있지만 화장이 들뜰 수 있어 지속력을 요하는 승무원 메이크업으로 적당하지 않다.
BB크림	파운데이션, 피부재생크림, 자외선 차단기능을 합한 기능성 제품이다. 내추럴한 메이크업을 표현하기 위해 많이 사용하고 있다. 건조한 피부타입이나 자연스러운 피부연출에 좋다. 장시간 비행 중의 메이크업으로는 적당하지 않다.

Check!!

- ✔ 손등에 파운데이션을 적당량 덜어서 얼굴의 넓은 부분부터 좁은 부분으로 결에 따라 펴 바른다.
- ✔ 손이나 스펀지, 브러시로 넓은 부분은 가볍게 누르고 콧방울 주위와 눈가 등 좁은 부분은 스펀지를 접어서 사용한다.
- ✔ 너무 세게 누르거나 자주 누르면 파운데이션이 밀릴 수 있으니 주의한다.

✔ 목, 이마 부위의 페이스라인에 경계가 생기지 않도록 커버하여 바른다.

ii) 파운데이션 도구

파운데이션 브러시	여러 번 덧발라도 뭉치지 않고 촉촉한 피부표현을 할 수 있다. 브러시 결 자국이 남지 않도록 손목의 스냅을 이용한다. 브러시의 앞 · 뒷면을 고루 사용하고 부드럽고 빠르게 골고루 펴 바른다.
스폰지	라텍스라고 하는 천연고무 소재와 폴리우레탄 소재가 있다. 밀착력이 높아 자연스러운 피부 표현을 연출 할 수 있다. 가격이 저렴하다. 스펀지는 잘라 코 옆, 눈 밑, 입가 등 좁은 부분에 사용할 수 있다. 파운데이션의 양을 많이 흡수한다는 단점이 있다.
핑거터치	도구를 사용하지 않고 손으로 화장을 하는 방법이다. 붓자국이나 파운데이션이 흡수되는 단점을 보완할 수 있다. 얼굴의 좁은 면도 자연스럽게 표현 할 수 있다. 자신의 온도와 같기 때문에 밀착력이 우수하여 화장이 들뜨지 않는다.

③ 컨실러

컨실러는 점, 여드름 자국, 다크서클, 기미 등 피부 결점을 커버하는 역할을 한다. 파운데이션의 전 또는 후 단계에서 사용한다. 컨실러 색상을 자신의 피부 톤보다 너무 밝은 색은 결점이 더 도드라져 보일 수 있으므로 자신의 피부톤이나 한 단계 정도 밝은 톤을 사용한다.

i) 컨실러의 종류

케이크 타입	질감이 뻑뻑하다. 커버력이 좋아 완벽한 커버력을 요할 때 적당하다.
스틱 타입	질감이 덜 뻑뻑하다. 중간 정도의 커버력으로 뾰루지나 기미 등 작은 부분을 커버하기 적당하다.
리퀴드 타입	질감 가벼운 정도이다. 눈 밑 다크서클 이나 주름부위, 얇은 피부에 사용이 적당하다.
크림타입	커버력이 좋고 칙칙한 피부나 눈 밑 다크서클 부위에 적당하다.
펜슬타입	작은 결점을 커버하는데 사용한다. 커버하고자 하는 부분을 펜슬로 찍은 후 손가락으로 두드려 경계가 생기지 않도록 한다.

Check!!

- ✔ 피부 톤과 동일하거나 한 톤 밝은 색상을 사용한다.
- ✔ 컨실러 브러시나 약지 손가락을 사용한다.
- ✔ 넓은 부위부터 작은 부위 순서로 바른다.
- ✔ 그늘지고 어둡게 보이는 눈 밑에 부채꼴 모양으로 바른다.

④ 파우더

파우더는 파운데이션의 유분기를 제거하여 부드러운 피부 표현을 하고 화장의 지속력을 높여주는 역할을 한다. 건성피부나 눈 주위, 입 주위는 소량의 파우더를 사용하고 붓을 이용하면 자연스럽게 연출할 수 있도록 도움을 준다.

- 루스파우더: 가루 형태로 자연스러운 피부 연출과 지속력을 필요로 하는 승무원에게 적합한 파우더 타입이다. 퍼프를 두드리거나 문지르지 말고 가볍게 누르듯이 바른다.

- 프레스드 파우더: 가루 파우더(루스 파우더)를 압축한 형태로 휴대가 간편하고 터치감이 좋으며 중간에 화장을 수정할 때 사용한다.

파우더 색상	피부타입
그린 파우더	얼굴에 잡티가 많은 사람에게 적당하다.
핑크 파우더	누런 피부에 적당하다.
보라 파우더	화사한 분위기 연출한다.

(5) 눈화장

① 눈썹 그리기

눈썹 모양은 얼굴의 인상을 만드는 중요한 역할을 한다. 인상을 부드럽게 또는 강하게 만들어 자신이 원하는 이미지를 만들 수 있다. 눈썹은 얼굴의 형태를 자연스럽고 조화롭게 만들기 위해 자신의 얼굴형에 맞는 눈썹모양과 머리카락 색상에 맞추어 그리도록 한다.

펜슬	에보니 펜슬을 주로 사용하며 원하는 눈썹의 형태를 잡고 수정 할 때 사용한다. 펜슬은 납작하게 깍아서 사용하는 것이 그리기 쉽다.
파우더 타입	압축 파우더 형태로 사선 브러시를 사용하여 그린다. 색상을 다양하게 선택할 수 있는 장점이 있다.
크림 타입	아이브로 전용 마스카라의 형태로 눈썹 숱이 많거나 짙은 사람에게 적합하다.

i) 눈썹의 형태

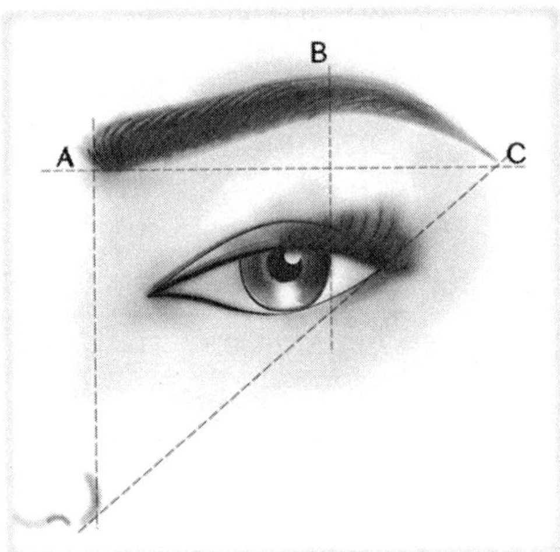

A 눈썹은 콧방울부터 시작하여 직선으로 올라간 곳에서 시작된다.

* 눈과 눈 사이의 거리에 따라 시작점을 조절한다.

B 눈썹 산은 눈동자의 바깥 부분 위쪽 부분이다.

C 콧망울 부분에 브러시를 대고 눈꼬리를 향해 사선으로 닿는 부분이 눈썹꼬리 부분이다.

얼굴형에 따른 눈썹의 종류		
긴 얼굴	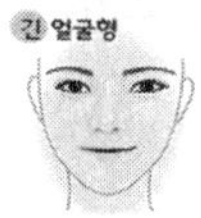	눈썹을 일자 형태로 그리면 얼굴이 짧아 보인다.
둥근 얼굴	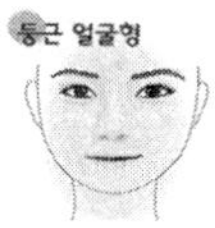	각진 형태의 눈썹으로 그려준다.
역삼각 얼굴		눈썹의 형태를 길게 그려준다.
마름모 얼굴		눈썹머리를 강조하여 그려준다.
사각 얼굴	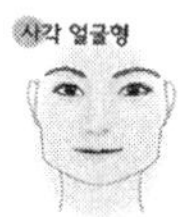	눈썹의 형태를 길고 각지게 그려준다.
		어려보이고 싶은 사람은 일자형의 눈썹으로 굵게 그려준다.
		섹시한 분위기를 연출하기 위해서는 가늘고 둥근 아치형으로 그려준다.

Check!!

- ✔ 눈썹의 형태에 따라 눈썹머리, 눈썹 산, 눈썹꼬리로 구분한다.
- ✔ 눈썹 산의 위치를 얼굴형에 맞추어 정하고 자연스럽게 그려준다.
- ✔ 눈썹 형태를 잡은 눈썹모양을 브러시나 펜슬로 컬러를 채우면서 볼륨을 준다.
- ✔ 스크루 브러시로 정리한다.

Tip!! 눈썹 손질하기

- 스크루 브러시를 이용하여 결을 따라 아래 방향으로 빗는다.
- 눈썹용 가위를 이용하여 빗에서 삐져나온 부분을 자른다.
- 원하는 형태 이외에 난 눈썹은 칼이나 핀셋을 이용하여 제거한다.
- 눈썹 산 이후 길이를 커팅 한다.

② 노즈 섀도우 사용법

얼굴을 입체적인 효과를 주기위해 노즈 섀도우를 이용한다. 브러시를 이용하여 피부색보다 약간 어두운 컬러를 눈썹머리부분부터 콧방울까지 세로로 그려준다.

③ 섀도우 선택

아이섀도우를 이용한 연출은 하이라이트와 섀딩의 컬러, 질감에 따라 효과를 낼 수 있으며 아이섀도우 컬러 및 질감은 항공사 유니폼에 어울리는 섀도우를 선택하는 것이 좋다.

i) 항공 승무원에 어울리는 컬러

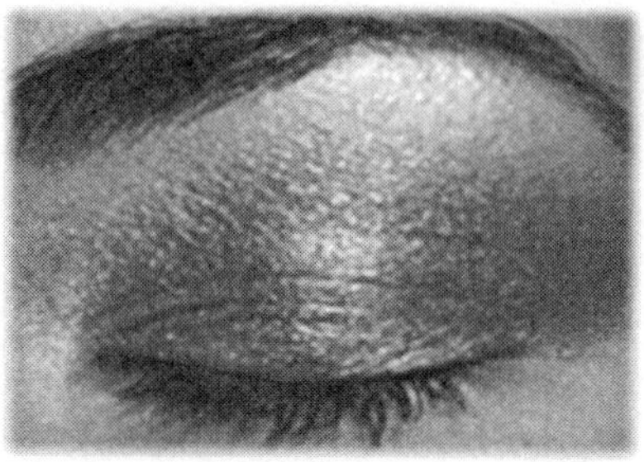
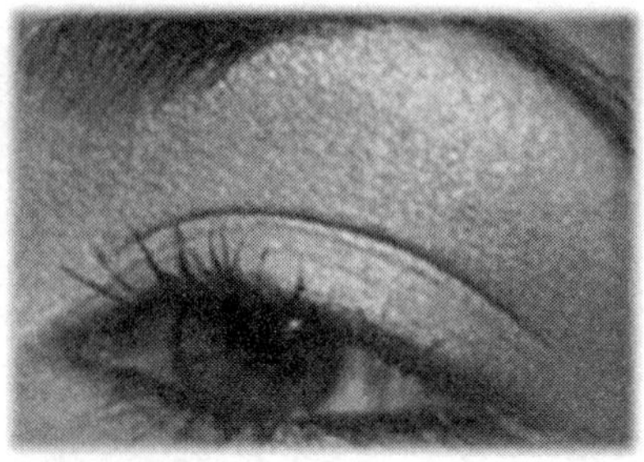

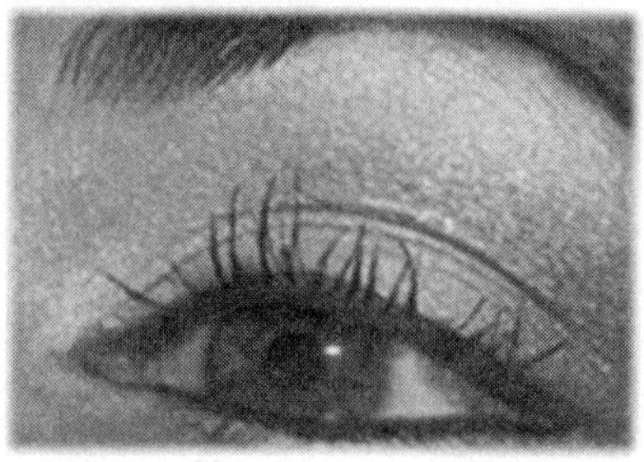
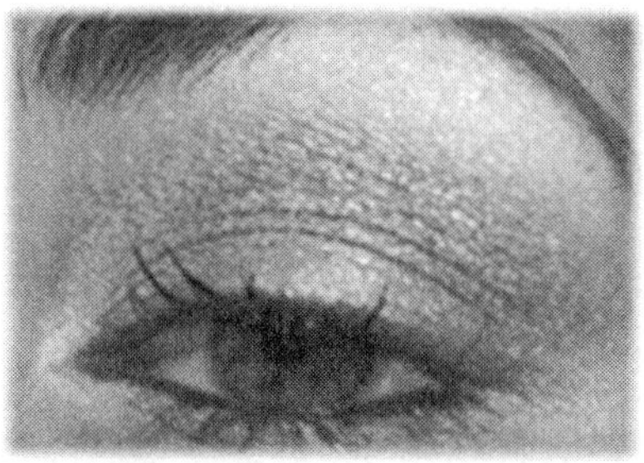
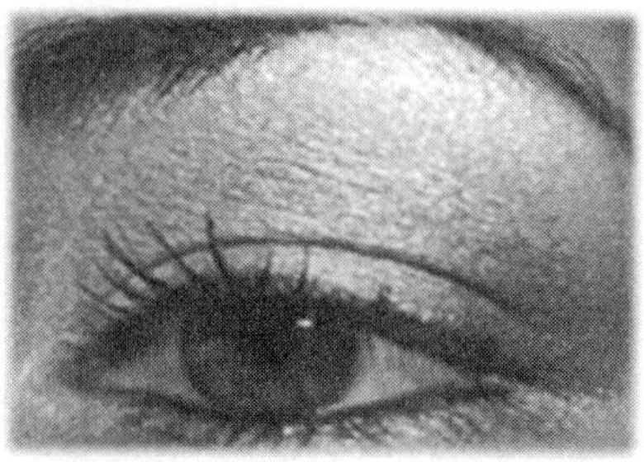
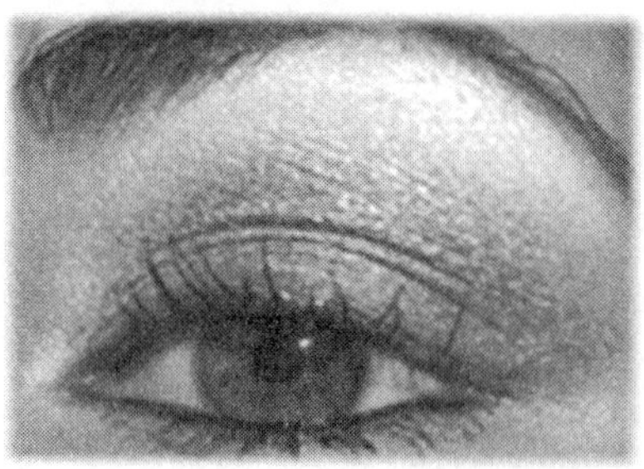
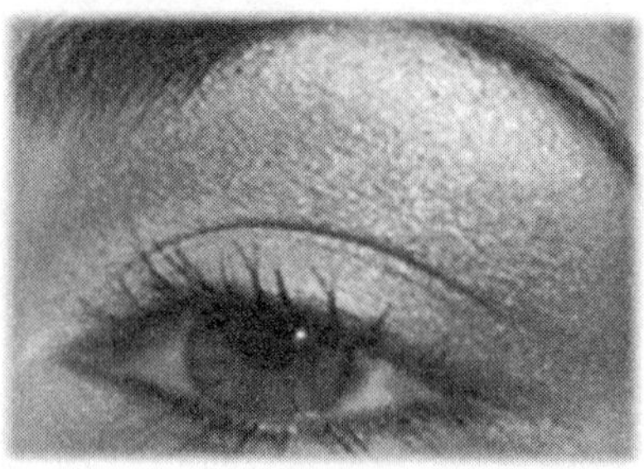

- 브라운 계열: 오렌지 브라운, 베이지 브라운, 레드 브라운
  아이보리색상으로 베이스를 하고 오렌지, 브라운, 레드 브라운계열로 포인트를 한다.
- 핑크 계열: 핑크 와인, 핑크 보라
  아이보리색상으로 베이스를 하고 핑크. 보라 등으로 포인트를 한다.
- 블루 계열: 화이트 블루, 옐로 블루
  화이트나 부드러운 옐로 색상으로 베이스를 하고 블루를 포인트로 한다.
- 그린계열: 화이트 그린, 옐로 그린
  화이트나 부드러운 옐로 색상으로 베이스를 하고 그린을 포인트로 한다.

〈아이샤도우의 종류〉

크림타입	손으로 비벼 바르는 형태이다. 사용이 편리하고 가루가 날리지 않는 장점이 있다. 쌍꺼풀 라인이나 눈 끝부분에 뭉침이 생기는 단점이 있으므로 최대한 펴바르도록 한다.
베이크드 타입	가루를 압축한 형태이다. 가루 날림이 적은 장점이 있지만 발색이 약한 단점이 있다.
피그먼트 타입	가루타입의 펄 제품이다. 입자가 고운 특성으로 화장을 할 때 활용도가 높지만 유니폼에는 적합하지 않다.
프레스트 타입	가루타입 샤도우를 눌러 압축시킨 형태이다. 촉촉하고 가루타입보다 날림이 적은 장점이 있지만 쉽게 지워지는 단점이 있다.

Check!!

✔ 베이스 샤도우 바르기

브러시의 한쪽 면에만 펄 감이 없는 아이보리색 베이스 샤도우를 묻혀 아이 홀 위쪽부터 눈 밑 2/3정도 까지 바른다.

✔ 포인트 샤도우 바르기

브러시로 포인트를 주고 싶은 색 샤도우를 묻혀 바른다. 외각에서 안쪽으로 바르고 눈 밑도 동일한 포인트 컬러로 바른다.

ii) 눈 모양에 따른 아이샤도우와 테크닉

- 작은 눈: 눈두덩이 전체에 밝은 색을 펴 바르고 눈꼬리 쪽으로 짙은 색상을 발라 눈이 커 보이는 효과를 준다.
- 둥근 눈: 눈 앞머리에 연한 색을 펴 바르고 눈꼬리 윗부분에 짙은 색상을 발라 눈이 길어보이는 효과를 준다.
- 돌출된 눈: 펄 감이 없는 브라운 색상이나 연한 베이지색으로 눈두덩이 전체를 엷게 펴 바르고 눈썹 뼈 부분에 하이라이트를 주고 눈꼬리 부분에 포인트 컬러를 발라 준다.
- 홑겹 눈: 눈이 부어 보이지 않도록 눈 중간부터 끝부분까지 어두운 색상을 발라 깊이 있는 눈매를 연출하고 아이라인으로 눈매를 더욱 선명하게 표현한다.
- 눈꼬리가 올라간 눈: 인상이 다소 강하게 보일 수 있으므로 부드러운 색상으로 바르고 눈 앞머리와 중간부분까지 샤도우로 포인트를 주고 눈 밑 언더라인 끝 부분을 삼각형 모양으로 포인트 색상을 주어 안정감 있고 부드럽게 표현할 수 있다.
- 처진 눈: 눈이 올라가 보이게 하기 위해 눈꼬리 부분을 아이라인을 이용하여 눈매를 선명하고 올라가도록 그리고 샤도우로 마무리한다.

④ 아이라이너

눈매를 선명하고 아름답게 하는 역할을 한다. 샤도우와 함께 사용하여 자연스럽게 표현하고 너무 두껍게 그리거나 확대하여 그리지 않도록 주의 한다.

펜슬 타입	유분기가 많고 지속력이 약하다. 아이샤도우로 라인을 그린 후 사용하면 번지는 것을 방지할 수 있다. 라인이 너무 두껍지 않게 그리도록 주의한다.
리퀴드 타입	브러시 끝으로 속눈썹 라인을 따라 선명하게 그릴 수 있는 장점이 있다. 양 조절을 잘못하면 두껍게 그려질 수 있으므로 주의한다.
붓펜타입	리퀴드 타입과 펜슬타입의 장단점을 보완한 타입이다. 초보자가 사용하기 쉽고 자연스러운 연출이 가능하다.
젤, 크림타입	전용 브러시를 사용해야 한다. 라인을 또렷하게 그릴 수 있는 장점이 있지만 잘 번지는 단점이 있다.
케이크 타입	물을 한 두 방울 떨어트려 브러시로 섞어 사용한다. 깊이 있는 눈매를 연출하는데 효과적인다. 초보자들이 사용하기에 어려움이 있다.

Check!!

✔ 아이라인 그리기

속눈썹 사이사이를 메우듯이 눈의 중앙→앞머리→중앙→꼬리까지 그린다.

✔ 꼬리부분 그리기

눈 앞머리 쪽은 가늘게 눈 꼬리쪽은 진하고 두껍게 그려준다. 눈꼬리 부분은 워터프루프 타입이나 샤도우로 라인 위에 그려주어 번지는 것을 방지한다.

✔ 눈 밑 라인 그리기

눈 밑 1/3정도를 눈꼬리부터 안쪽으로 그린다.

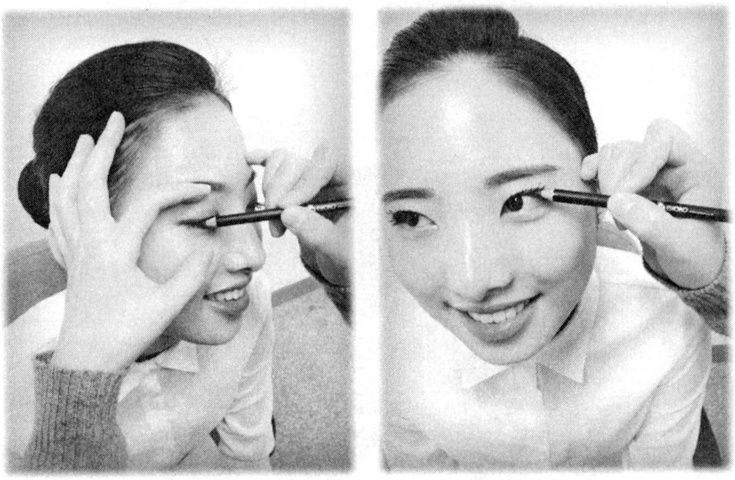

Tip!! 수정화장 방법?

- 면봉에 로션을 묻혀서 지우고 그 위에 파운데이션을 바르고 밝은 컬러의 샤도우를 덧바른다.

⑤ 마스카라

눈매를 또렷하게 해 주고 깊이 있게 연출하는 효과가 있다. 눈의 생김에 따라 가로 길이가 좁은 사람은 끝 부분을 집중적으로 바르고, 눈이 작은 사람은 가운데 부분을 집중적으로 발라 좀 더 깊이 있는 눈매를 연출하도록 한다.

Check!!

- ✔ 아이래쉬를 이용하여 컬링 잡는다.
- ✔ 가로방향으로 2~3번 가볍게 바른다.
- ✔ 아래에서 위로 바른다.
- ✔ 마스카라를 세워서 아래 속눈썹을 발라준다.
- ✔ 섀도우 붓의 막대부분으로 눈썹아래 부분을 돌려주어 뭉친 부분을 없앤다.

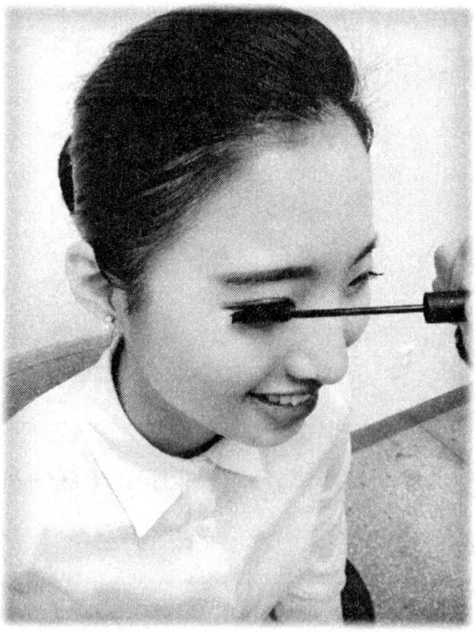

✔ 눈썹 안쪽 윗부분에 Eyelash curler를 최대한 밀착시킨다.

✔ 먼저 눈꺼풀 끝을 올려준다.

✔ 눈썹 끝 쪽으로 Eyelash curler를 움직여 조금씩 누르면서 올려준다.

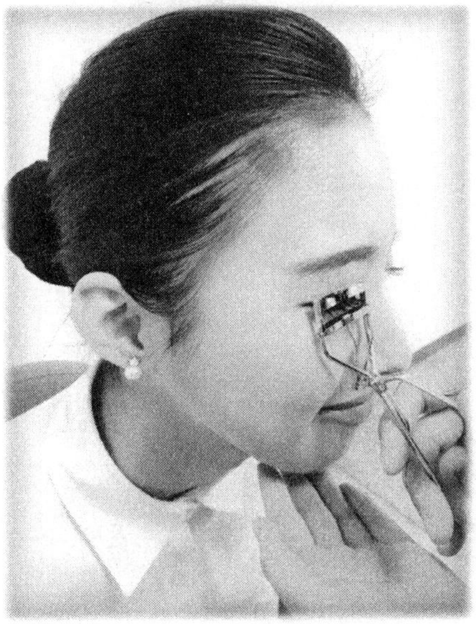

Tip!!

- Eyelash curler를 사용하기 전 헤어드라이기로 살짝 열을 가하면 속눈썹을 풍성하게 올리는데 도움이 된다.

⑥ 블러셔

얼굴의 혈색을 좋게 하여 생기 있게 하고 입체감 있는 얼굴 형태로 수정하는 역할을 한다. 객실 승무원의 밝고 친근한 얼굴, 생기 있는 표정을 만들기 위해 블러셔의 역할은 큰 도움을 줄 것이다. 블러셔는 볼 중앙부분부터 시작해서 관자놀이 방향으로 광대뼈를 감싸듯이 블렌딩하며 입술과 비슷한 컬러나 자신의 피부톤에 어울리는 컬러를 선택하여 경계선이 없도록 자연스럽게 그라데이션 한다. 이 때 얼굴에 유분기가 없는 상태에서 바르는 것이 뭉침을 방지한다.

i) 블러셔의 종류

파우더 타입	블러셔 컬러가 다양하다. 지속력이 강한 장점이 있으며 초보자에게 적당하다. 구슬파우더 타입은 입자가 미세하고 여러 가지 컬러가 혼합되어있어 발랐을 때 자연스러운 연출이 가능하다.
크림, 젤 타입	파운데이션 사용 후 파우더 전 단계에 사용한다. 손이나 스펀지를 이용하여 바른다. 건성피부나 파우더로 유분기를 없애지 않는 화장을 할 때 적합하다.
케이크 타입	압축 파우더 형태로 휴대용으로 사용하기 좋다. 브러시나 퍼프를 이용한다.

ii) 얼굴형에 따른 수정 메이크업

둥근얼굴	윤곽	얼굴 양 측면을 셰딩 한다.
	눈썹	아치형이나 각진형으로 그린다.
	볼터치	관자놀이를 중심으로 입술 끝 쪽을 향해 사선으로 터치한다.
오각형 얼굴	윤곽	T-ZONE부위에 하이라이트를 넣어 얼굴 중심부분이 돌출되어 보이도록 하고 양 턱에 셰딩을 강하게 넣는다.
	눈썹	눈썹 꼬리를 길게 그려 턱이 돌출된 것을 커버한다.
	볼터치	관자놀이를 중심으로 코끝을 향해 사선으로 터치한다.
각진 얼굴	윤곽	이마 언저리 부분과 턱뼈 부분에 셰딩 처리를 한다.
	눈썹	눈썹 꼬리를 길게 그려 턱이 돌출된 것을 커버한다.
	볼터치	관자놀이를 중심으로 코끝을 향해 사선으로 터치한다.

iii) 하이라이트 그리기

T-zone 부위와 광대뼈 경사면 위쪽에서 외각 쪽으로 터치하고 턱 부분을 살짝 터치한 다음 파운데이션 브러시를 이용해 경사면과 어색한 부분의 경계가 생기지 않도록 정돈한다.

(5) 입술화장

① 립스틱/ 립라이너

립스틱은 얼굴 중에서 눈에 가장 띄는 부분으로 포인트 역할을 하는 중요한 부분이다. 얼굴의 표정을 더욱 돋보이게 만들 수 있도록 입술의 윤곽을 살려주고 밝은 색상으로 생기 있게 연출한다. 기내 조명이나 건조한 환경을 고려하여 밝은 컬러가 적당하며 매트한 것보다는 적당히 수분함량이 있는 제품으로 사용하는 것이 좋다. 립스틱을 바른 후 입술 가운데 부분에 립글로스를 사용하거나 립케어 제품으로 윤기와 영양을 유지할 수 있도록 한다.

립스틱	립 메이크업의 기본 제품이다. 질감이나 컬러가 다양하여 자신이 원하는 이미지 연출이 가능하다.
립 글로스	오일을 함유하고 있어 광택이 나고 입술 보호에 좋은 제품이다. 자연스러움을 연출하기 좋으나 기내에서는 립 글로스만 바르는 것은 적합하지 않다.
틴트	입술에 색이 스며들게 하는 제품으로 소량으로도 발색이 우수하다. 틴트를 사용할 때에는 입술 중앙부분에만 바른 후 다른 립 제품으로 그라데이션한다.

i) 기내 립스틱 추천 컬러

- 핑크계열: 상냥하고 여성스러운 이미지
- 로즈계열: 활발하고 생기 있는 이미지
- 레드계열: 화려하고 깨끗한 이미지
- 오렌지계열: 젊고 밝은 이미지

ii) 립스틱 바르기

Check!!

✔ 사용 전 아래 입술의 안쪽에 살짝 묻혀 컬러 테스트를 해본다.

✔ 양 쪽의 입술 산 → 윗입술 중앙 → 윗입술 오른쪽 → 윗입술 왼쪽으로 그려준다.

✔ 입술 양쪽 끝에서부터 윗입술 산쪽으로 입꼬리를 그려준다.

✔ 아래 입술 중앙 쪽에 라인을 잡아 그려준다.

✔ 립 브러시를 이용해 입술전체에 립스틱을 채운다.

✔ 입술 중앙부분에 립글로스를 덧발라 윤기 있고 입체감 있는 입술을 연출한다.

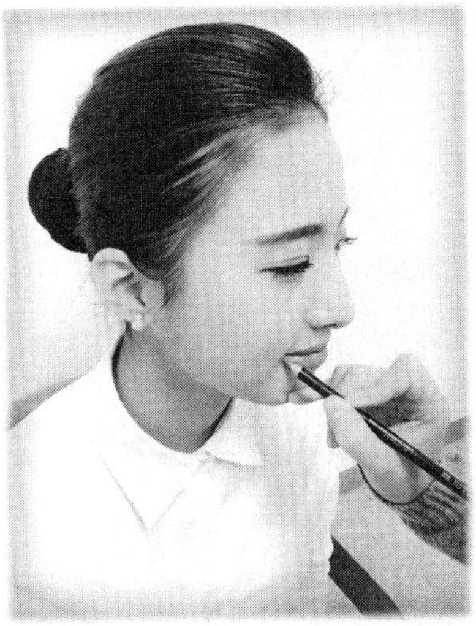

Tip!!

- 립메이크업을 오래 유지하기 위해서 파우더로 먼저 살짝 코팅한 후 그 위에 립스틱을 바른다.

(6) 피부색에 따른 메이크업 색상

승무원은 기내 조명이나 환경을 고려하여 밝은 이미지를 주는 것이 중요하다. 승무원의 메이크업이 어둡거나 흐리다면 승객은 편안한 느낌을 받을 수 없으며 부담스러워 할 것이다. 따라서 승무원은 자신의 피부 톤을 보완하고 밝은 색상으로 생기 있는 이미지를 연출해야 한다.

〈피부색별 분류〉

노란색 피부	샤도우	보라, 와인계열
	립스틱	레드, 핑크계열
	블러셔	핑크계열
흰색 피부	샤도우	그린계열
	립스틱	오렌지, 핑크계열
	블러셔	살구계열
붉은색 피부	샤도우	블루계열
	립스틱	레드, 레드와인계열
	블러셔	보라계열의 핑크
어두운 피부	샤도우	흐린 보라색 펄, 핑크 보라
	립스틱	핑크계열
	블러셔	어두운 레드계열

(7) 유니폼과 어울리는 색상 패턴

유니폼은 항공사를 대표하는 가장 중요한 역할을 하기 때문에 유행이나 개성 있는 화장보다 유니폼에 어울리는 이미지 메이킹을 통해 항공사를 대표하는 승무원으로서의 품위 있는 이미지를 형성하도록 해야 한다.

① 브라운 계열

대부분 무난한 색상으로 대부분의 유니폼과 어울리나 피부색이 어두운 사람이나 노란기가 도는 사람은 피하는 것이 좋다.

• 샤도우: 베이지 브라운, 레드 브라운

- 립스틱: 오렌지, 레드계열

② 오렌지 계열

가장 무난한 색상이다.

- 샤도우: 오렌지, 오렌지 브라운
- 립스틱: 오렌지, 레드계열

③ 핑크 계열

밝고 화사한 이미지를 연출함.

- 샤도우: 핑크 보라, 핑크 와인
- 립스틱: 핑크, 레드계열

④ 블루 계열

시원하고 화사한 느낌이지만 지나치게 넓은 부분을 바르지 않도록 유의한다.

- 샤도우: 화이트 블루, 예로 블루
- 립스틱: 핑크, 레드계열

⑤ 그린 계열

참신하고 화사한 느낌이며 피부색이 흰 경우 잘 어울린다.

- 샤도우: 화이트 그린, 옐로 그린
- 립스틱: 오렌지, 핑크계열

4. 헤어스타일

승무원의 헤어스타일은 단정하고 흐트러짐 없는 모습을 유지해야한다. 여 승무원은 이마를 가리지 않는 올림머리, 커트 또는 단발스타일이며 남승무원은 이마를 보이도록 한 깔끔한 스타일을 연출한다.

1) 건강한 헤어 관리를 위해

① 스프레이나 젤 등을 사용하여 헤어를 고정시키는 경우가 많기 때문에 비행 후에는 반드시 머리를 감는 것이 좋다. 스프레이나 젤 등을 바른 머리의 경우 브러시로 빗으면 머리카락이 부러지는 경우가 있으므로 미지근한 물에 충분히 헹궈서 제품을 씻어낸 후 샴푸를 하는 것이 좋다.

② 건조한 기내에서 장시간 일하기 때문에 정기적으로 수분과 영양을 충분히 공급한다.

③ 머리는 저녁에 감는 것이 좋으며 충분한 시간을 두고 자연스럽게 말리는 것이 좋다.

④ 드라이기를 사용할 때는 모발과 충분한 거리를 두고 차가운 바람으로 말리는 것이 좋다.

⑤ 올림머리를 오래하는 경우에는 평소에 반대 방향으로 자주 빗질을 해 주는 것이 두피 건강에 좋다.

2) 아름다운 헤어를 위한 구성요소

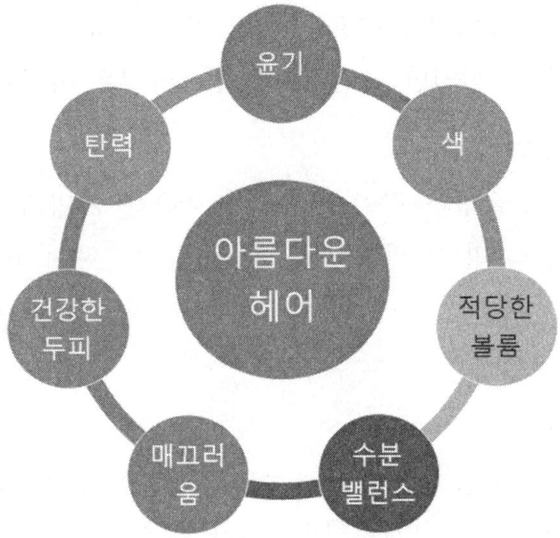

3) 얼굴형을 보완하는 헤어스타일

① 계란형

가장 이상적인 얼굴형으로 모든 헤어스타일이 잘 어울린다. 특히 깨끗하고 정갈한 느낌의 올림머리가 잘 어울린다.

② 둥근형

둥근 얼굴형의 사람들은 부드럽고 귀여운 느낌을 주지만 세련된 이미지가 부족할 수 있다. 올림머리를 할 경우 정수리 부분에 볼륨을 주고 세로로 길어 보이는 느낌을 주는 것이 좋고 세련미를 강조하기 위해서는 가르마를 사선으로 강조하면 좀 더 세련된 이미지를 연출할 수 있다.

③ 긴형

긴 얼굴형은 정수리 윗부분은 강조하지 말고 볼륨감을 주거나 앞머리를 이용하여 긴 얼굴을 가려주는 헤어스타일이 좋다. 하지만 올림머리나 업스타일은 피해야 한다.

④ 역삼각형

긴 얼굴형과 같이 앞머리를 이용해 가볍게 가려주는 것이 좋고 머리아래쪽으로 볼륨을 주는 헤어스타일이 좋다. 역삼각형 얼굴형은 하나로 머리를 빗어 올려 이마가 드러나는 머리는 피하는 것이 좋다.

⑤ 사각형

다소 고집스럽고 강한 이미지를 줄 수 있어 얼굴의 각을 강조할 수 있는 단발머리나 짧은 헤어스타일은 피하는 것이 좋다. 앞머리를 이용하여 이마를 감싸주는 스타일이 부드러운 이미지를 연출 할 수 있다.

⑥ 마름모형

광대뼈가 넓으면서 긴 얼굴 형태로 정수리 쪽에 볼륨감을 주고 턱선을 강조하지 않는 짧은 헤어스타일이 좋다.

4) 여승무원의 hair-do

(1) 올림머리

① 가장 보편적인 승무원 이미지로 단정하고 품위 있는 이미지를 연출한다.

② 먼저 정수리 부분에 볼륨을 주고 고무줄로 귀 선에서 묶는다.

③ 망에 넣은 머리를 정리하여 모양이 찌그러지지 않도록 잘 말아 올린다.

④ 움직일 때 망이 들리거나 움직이는 것을 방지하기 위해서 실 핀 등으로 망과 머리뒤쪽 부분을 고정시킨다.

⑤ 잔머리가 나오지 않도록 스프레이나 젤 등으로 고정시키고 옆머리는 실 핀을 이용하여 정리한다.

⑥ 앞머리를 약간 내려 얼굴형을 보완한다.

(2) 커트나 단발머리

① 짧은 헤어스타일은 발랄해 보이며 이마 등으로 얼굴형을 보완할 수 있는 장점이 있다.

② 머리 길이는 상의 뒤 칼라에 닿지 않도록 하고 앞머리가 이마를 가리지 않도록 한다.

③ 단발이나 커트 스타일이라도 얼굴의 옆선이 드러나도록 하여 승객에게 답답한 이미지를 주지 않도록 한다.

④ 짧은 헤어스타일도 젤이나 스프레이 등으로 고정하여 단정한 이미지를 주도록 한다.

⑤ 퍼머넌트한 헤어를 드라이하여 볼륨감 있는 헤어스타일을 연출한다.

5) 남승무원의 헤어 스타일

남 승무원의 헤어스타일은 청결하게 손질하여 약간 짧고 단정하게 한다. 앞머리는 이마를 덮거나 눈썹을 가리지 않도록 하고 옆머리는 귀를 덮거나 내려오지 않게 해서 귀가 보이도록 하며 뒷머리는 셔츠 칼라의 깃을 덮지 않도록 한 후 마무리는 젤이나 헤어스프레이를 이용하여 단정하게 한다.

5. 포인트 메이킹

1) 네일

승무원은 손과 손톱의 관리에도 신경을 써야 한다. 기내 서비스 시 얼굴의 표정에서 보이는 이미지만큼 손과 손톱의 청결함을 유지하고 색상을 통해 정성이 담긴 손 관리는 승객에게 좋은 이미지를 남길 수 있기 때문이다. 주로 바르는 색상은 레드, 살구, 브라운계열 등으로 이는 대체로 무난하게 잘 어울린다. 손톱이 긴 경우에는 위에서 설명한 것과 같은 무난한 색상의 에나멜을 사용하고 손톱이 짧은 경우에는 반드시 무색 투명한 에나멜을 사용한다.

(1) 손톱 다듬기

① 기내에서 많은 시간을 머무는 승무원은 대체적으로 손톱

이 건조한 상태이기 때문에 손톱깍이로 손질하는 것보다 파일로 갈아주는 것이 건조한 손톱 관리에 좋다.

② 큐티클은 큐티클 오일이나 핸드크림으로 수시로 바르는 것이 좋다.

(2) 바르기

① 바르는 순서는 베이스 코트-에나멜-에나멜-탑코트 순서로 바른다.

② 에나멜은 두 번 정도 바르는 것이 색상을 제대로 연출할 수 있고 고르게 발라진다.

③ 손톱의 면을 꼼꼼하게 바르고 큐티클에 닿지 않도록 유의한다.

④ 매니큐어를 지우는 때는 손톱이 상하지 않게 전용 리무버를 사용하고 손톱 결에 따라 안쪽에서 바깥쪽으로 한쪽 방향으로 지우는 것이 손톱을 상하지 않게 한다.

2) 향수

향수는 향기로 인하여 이미지를 기억하고 호감있는 인상을 줄 수 있고 힘을 지니고 있다. 다양한 승객을 응대하는 승무원에게 풍기는 은은한 향은 좋은 인상을 줄 수 있으므로 향수는 필수적이다. 향수는 같은 향이더라도 사람 고유의 향과 섞여 다른 향을 내기 때문에 자신에게 어울리고 자신만의 향을 찾는 것이 중요하다.

(1) 향수의 어원

라틴어 perfumum → 퍼(per:through) + 퓨뭄(fumum:smoke)로 “연기를 통해 나오는 것” 이라는 뜻이며 영어로는 퍼퓸(perfume), 불어로는 파르팽(parfum)이라고 한다.

(2) 향수의 농도에 따른 종류 (칸만들기)

① 퍼퓸(perfume): 향료의 농도는 20~30%, 지속시간은 10시간 이상, 향수 제품 중 가장 농도가 진하다. 사용할 때에는 점으로 찍어 바른다.
향수 중 가장 완성도 있는 최고급 제품으로 향이 가장 강하며 가장 깊은 향이 오래가는 것이 특징이다.

② 오 드 퍼퓸(eau de perfume): 향료의 농도는 20~30%, 지속시간은 5~7시간, 바를 때는 선을 긋듯이 사용한다.

③ 오 드 투알렛(eau de toilette): 향료의 농도는 5~10%, 지속시간은 3시간, 스프레이 타입으로 가장 많이 사용하는 향수타입이다. 장시간 외출 시에는 휴대용 향수를 지참하는 것이 좋다.

④ 오데코롱(eau de cologne): 향료의 농도는 2~5%, 지속시간은 1~2시간, 스킨로션과 같이 알코올의 작용에 의해 상쾌감을 주는 것이 목적이다. 샤워 후에 사용하면 좋다.

(3) 디오도란트

디오드란트는 땀샘을 막아 땀이 나는 것을 억제하는 기능이 있다. 승무원은 기내에서 바쁘게 근무하다보면 땀이 많이 나므로 여름철이나 평소 땀이 많이 나는 체질은 디오드란트를 사용해 땀 냄새를 방지하는 것이 좋다.

(4) 향수 사용 시 유의사항

① 겨드랑이 등 땀 냄새와 향수가 섞여 불쾌한 냄새가 날 수 있는 부분에는 향수를 사용하지 않는다.

② 실크, 흰옷, 모피, 가죽 제품에는 얼룩이 생기므로 직접 사용하지 않는다.

③ 향을 섞어 사용 가능한 향수가 아니라면 두 가지 이상의 향수를 사용하지 않는다.

④ 헤어제품이나 바디 제품 등은 무향이나 향이 강하지 않은 제품을 사용 한다.

⑤ 비행 3시간 전에 향수를 사용하는 것이 좋고 특히 기내식 서비스 시에는 강한 향으로 식사에 방해가 될 수 있으므로 향수를 뿌리지 않도록 한다.

6. 복장 메이크업

1) 유니폼

(1) 유니폼 관리

앞서 설명했듯이 유니폼은 항공사를 대표하고 승무원의 이미지를 표현하는 매우 중요한 역할을 하므로 유니폼 관리에 신경을 써야 한다. 또한 기내식을 다루고 승객들에게 서비스를 하기 때문에 유니폼의 청결성이 특히 중요하다. 청결하고 잘 정돈된 유니폼관리는 승무원으로서 꼭 필요한 부분임을 잊지 말아야 할 것이다.

(2) 유니폼 체크리스트

1. 유니폼은 청결한가?	예	아니오
기내에서 음식을 다루기 때문에 유니폼의 청결성은 매우 중요하다.		
2. 유니폼의 다림질 상태는 양호한가?	예	아니오
유니폼은 정장스타일이면서 작업복의 역할을 한다. 비행 후 반드시 세탁을 하고 비행 전에 구겨진 유니폼은 다림질을 한다.		
3. 유니폼의 사이즈는 적당한가?	예	아니오
활동하기 편하고 품위 있게 보이도록 몸에 맞는 적당한 사이즈를 입는다.		
4. 구두는 깨끗하고 광택이 나는가?	예	아니오
광택이 있고 깨끗한 구두를 착용한다.		
5. 앞치마의 다림질과 청결상태 양호한가?	예	아니오
앞치마의 청결성은 매우 중요하다. 매 비행 마다 깨끗이 세탁하고 다려입는다. 또한 장 거리 비행 시에는 한 개씩 여유분을 가지고 다니도록 한다.		

3) 패션소품

(1) 유니폼 착용 시 어울리는 액세서리

유니폼은 항공사를 대표하기 때문에 유니폼을 돋보이고 단정한 이미지를 연출하는데 도움이 되는 액세서리를 착용한다. 반지 착용 시는 알이 없는 반지로 1개가 적당하고 귀걸이는 부착형으로 작은 것을 착용한다. 목걸이는 허용되지만 펜던트가 없는 것으로 한다. 액세서리를 지나치게 화려하거나 고가의 제품은 승객을 배려하지 못하는 행동이므로 주의 하도록한다.

참고문헌

1. 김경호(2004). 이미지메이킹의 개념 정립과 프로그램의 효과성 분석 연구, 명지대학교 박사학위논문

2. 노효경(2002). 메이크업과 얼굴의 조화를 통한 이미지 메이킹에 관한 연구, 한국인체미용예술학회지, 3(2), pp. 101-114.

3. 박수영(2007). 항공사 서비스품질의 중요도와 만족도 연구, 경기대학교 석사학위논문

4. 이명숙(2009). 국내 저가항공사의 객실서비스 품질이 고객만족도에 미치는 영향, 계명대학교 석사학위논문

5. 이애선(2013). 리조트 종사원의 서비스 마인드 제고를 위한 교육프로그램 구성에 관한 구, 세종대학교 석사학위 논문

6. 이용덕(2009). 객실승무원의 이미지메이킹에 관한 실증연구, 한국항공대학교 석사학위논문,

7. 이정민 · 이종호(2009). 항공사 객실승무원의 승무원 이미지 영향 요인에 관한 연구, 한국항공경영학회, pp. 175-185.

8. 이화인, 양희옥(2001). 여행형태가 항공여객기 객실서비스 품질지각과 만족에 미치는 영향, 관광경영학회, 12, pp 156-176.

9. 조주은 · 고선희(2014). 이미지메이킹 교육이 자아존중감과 교육만족도에 미치는 영향, 한국콘텐츠학회, 14(11), pp. 1030-1040.

10. 김은희. 대학이미지연출, 형설출판사, 2000

11. 심재희. 성공하는 성격과 이미지, 도서출판 무한, 1998.

12. 박정민. 이미지메이킹과 서비스 매너, 정림사, 2011.

13. 안명숙 · 남희림 · 김주희. 매너와 이미지메이킹, 새로미, 2014.

부 록

항공사별 채용 분석

[항공사별 채용요건]

항공사별 채용요건

1. 객실승무원 채용요건

1) 건강한 신체

승무원을 지원하는 대다수의 지원자들은 날씬하고 세련된 용모가 가장 중요한 조건이라고 인식하고 있지만 승무원의 가장 중요한 기본 요건은 건강한 신체이다. 승무원들은 비행 중 장시간을 서서 근무하기 때문에 건강한 신체가 우선적으로 뒷받침이 되어야 승객에게 훌륭한 서비스를 제공할 수 있다. 따라서 고객만족 서비스 업무를 수행하기 위해서 평소에 꾸준한 건강관리를 하는 것이 필수 요건이다.

2) 밝은 이미지

국내 항공사의 인사담당자들이 말하는 승무원 지원자의 용모는 깨끗하고 편안하며, 누구에게나 호감을 주는 인상이어야 한다. 밝은 미소와 상대방을 편안하게 하는 눈빛, 단정한 용모와 복장, 올바른 자세 등 세련된 행동을 지닐 수 있도록 평소 노력해야 한다.

3) 사교성과 친화력, 적극적인 성격

객실승무원은 비행 스케줄에 따라 팀제로 근무하는 형태인 만큼 선·후배, 동료와 비행업무를 수행한다. 그러므로 명랑하고 친화력을 지닌 사람, 어떠한 상황에도 긍정적인 성격의 소유자가 객실 업무를 수행하기 적당하다.

4) 서비스마인드

객실승무원은 탑승객을 직접 대면하여 서비스를 진행한다. 그러므로 평소 서비스 마인드와 탑승객을 배려하는 봉사정신을 갖추어야 한다.

5) 외국어 실력

다양한 승객을 응대함에 있어 좋은 서비스를 위해서는 커뮤니케이션 능력이 기본 요건이다. 고객만족 서비스를 위해서는 사회전반에 관한 관심과 지식, 일정한 외국어 능력을 습득하는 것은 필수 요건이다. 특히 외국어 실력은 회사 내 진급과 관련되어 있으므로 꾸준히 공부해야 한다. 또한 영어 외에도 일본어와 중국어 등 다른 외국어도 익혀두는 것이 필요하다.

2. 국내 항공사별 채용요건

1) 대한항공(Korean Air)

- 학 력: 전문대 졸업 이상
- 신 장: 제한 없음
- 시 력: 교정시력 1.0 이상
- 외국어: TOEIC 550점 이상 또는 TOEIC Speaking LVL6이상 또는 OPIc LVL IM 이상
- 기 타: 경력직의 경우 타항공사 국제선 객실승무원 경력 2년 이상
- 거주지: 서울
- 채용절차: 서류전형 → 1차 면접 → 2차 면접 / 영어 구술 면접 → 3차 면접
- 신체/체력 검사 : 수영테스트

2) 아시아나 항공(Asiana Airline)

(국내선 지원 경우)

- 학 력: 전문대 졸업 이상
- 신 장: 제한 없음
- 시 력: 교정시력 1.0 이상 (나안시력 0.2 이상)
- 채용절차: 서류전형 → 1차 실무자 면접 → 2차 임원 면접 / 영어시험 → 체력측정, 인성검사임원 면접 → 신체검사
- 거주지: 서울

(* 국제선 지원 경우: 4년제 대학 졸업 이상)

3) 티웨이 항공

- 학　력: 전문대 졸업 이상
- 시　력: 교정시력 1.0 이상(나안시력 0.2 이상)
- 외국어: TOEIC 550점 이상,
  외국어 능력 우수자 우대
- 기　타: 항공사 근무 경력 5년~10년 우대
  (채용절차: 서류전형 → 면접)
- 채용절차: 서류전형 → 1차 면접 → 2차 면접 → 수영테스트 → 3차 면접 → 신체검사

4) 제주항공(Jeju Air)

- 학　력: 전문대 졸업 이상
- 신　장: 162cm 이상
- 시　력: 교정시력 1.0 이상
- 채용절차: 서류전형 → 1.2 차 면접 → 신체검사
- 거주지: 서울 또는 부산

5) 부산에어

- 학　력: 전문대 졸업 이상
- 시　력: 교정시력1.0 이상
  (나안시력 0.2 이상 / 라식수술은 3개월 이상 경과 조건)
- 외국어: 외국어(영어, 일본어) 능력 우수자 우대
- 기　타: 항공사 근무 경력 5년~10년 우대
- 채용절차: 온라인지원 → 서류전형 → 1차 실무자 면접 → 2차 팀장 면접 → 인적성검사 및 체력검사 → 3차 임원면접 → 건강검진

6) 진에어

- 학 력: 전문대 졸업 이상
- 신 장: 제한 없음
- 시 력: 교정시력 1.0 이상
- 외국어: TOEIC 550점 이상 또는 TOEIC Speaking LVL6이상 또는 OPIc LVL IM이상
- 기 타: 경력직의 경우 타항공사 국제선 객실승무원 경력 2년 이상
- 거주지: 서울
- 채용절차: 서류전형 → 1차 면접 → 2차 면접 → 건강진단 / 체력 검사

7) 이스타항공

- 학 력: 전문대 졸업 이상
- 시 력: 교정시력1.0 이상 (나안시력 0.2 이상)
- 외국어: TOEIC 550점 이상 또는 이에 준하는 공인시험의 자격을 취득한자 토익스피킹 Lv5, OPIC IM2, TEPS 451, TOEFL 63점 이상
- 어학능력 우수자:
  - 중국어; HSK 4급 이상, TSC 3급 이상, HSK회화 중급 이상,
  - 일본어; JPT 600점, JLPT 2급
- 기 타: 항공사 근무 경력 5년~10년 우대(채용절차: 서류전형→면접)
- 채용절차: 서류전형 → 1차 면접 → 2차 면접 → 수영테스트 → 3차 면접 → 신체검사

3. 국외항공사 채용요건

1) 싱가포르 항공(Singapole Airline)

- 학 력: 4년제 대학 졸업 이상
- 신 장: 158cm 이상
- 시 력: 교정시력 1.0 이상
- 거주지: 싱가포르
- 채용절차: 서류전형 → 1차 그룹면접 → 2차 면접 → 3차 에세이작성, 그룹면접, 필기시험 → 최종 개별 면접

2) 타이항공(Thai Air)

- 학 력: 전문대 졸업 이상
- 신 장: 162cm 이상
- 시 력: 교정시력 1.0 이상
- 나 이: 만 23~34세까지
- 기 타: 수영 필수
- 거주지: 태국 방콕
- 채용절차: 서류전형 → 1차 실무자면접 → 2차 임원면접

3) 동방항공

- 학　력: 전문대 졸업 이상
- 시　력: 교정시력 1.0 이상(나안시력 0.2 이상)
- 나　이: 만 28세까지
- 외국어: TOEIC 550점 이상
  또는 TOEIC Speaking LVL6 이상
  또는 OPIc LVL IM 이상
- 채용절차: 서류전형 → 1차 면접 → 2차 면접 → 3차 면접 → 신체검사

4) 필리핀 항공

- 학　력: 전문대 졸업 이상
- 신　장: 160cm 이상
- 시　력: 교정시력 1.0 이상
- 나　이: 만 26세까지

5) 케세이퍼시픽 항공

- 학 력: 전문대 졸업 이상
- 신 장: 157.5cm 이상(Arm Reach 208cm 이상)
- 거주지: 서울, 홍콩
- 시 력: 교정시력 1.0 이상
- 채용절차: 서류전형 → 그룹 및 개별 면접 → 영어 필기 → 최종면접

6)베트남 항공

- 학 력: 고졸 이상
- 신 장: 160~175cm
- 시 력: 교정시력 1.0 이상
- 나 이: 만 28세까지
- 기 타: TOEIC 600 점 이상
- 거주지: 베트남
- 채용절차: 서류전형 → 그룹토의 → 그룹면접 → 그룹토의

7) 아랍에미레이트 항공

- 학 력: 고졸 이상
- 신 장: 157.5 cm (Arm Reach 212cm 이상)
- 시 력: 교정시력 1.0 이상
- 나 이: 만 21세 이상
- 기 타: 영어 능통자 서비스직 경험자 우대
- 거주지: 두바이
- 채용절차: 서류전형 → 1차 그룹토론 → 2차 그룹토론 → 3차 그룹토론 / 필기 합격자에 한해 반복 최종면접

8) 카타르 항공

- 학　력: 고졸 이상
- 신　장: 157.5 cm 이상
- 시　력: 교정시력 1.0 이상
- 나　이: 만 30세까지(경력자는 만 33세까지)
- 기　타: 영어 능통자 서비스직 경험자 우대
- 채용절차: 서류전형 → 1차 그룹면접 → 2차 면접 → 최종면접 → safety training

9) 에티하드 항공

- 학　력: 고졸이상
- 신　장: Arm Reach 214cm 이상
- 시　력: 교정시력 1.0이상
- 나　이: 만 30세까지(경력자는 만 32세까지)
- 기　타: 영어 능통자 서비스 직 경험자 우대
- 채용절차: 서류전형 → 1차 그룹면접 → 2차 면접 → 최종면접 → safety training
- 거주지: 아부다비

10) KLM항공

- **학 력**: 4년제 대학 졸업 이상(단, 항공관련학과는 전문대 졸업 지원 가능)
- **신 장**: 158~ 190cm 이상
- **시 력**: 교정시력 1.0 이상
- **외국어**: 영어 능통자(TOEIC 800점 이상),
- **기 타**: 2년 이상 서비스직 경험자 우대 (파트타임도 포함)
- **거주지**: 서울
- **채용절차**: 서류전형 → 그룹면접 → 필기 및 개별면접 → 신체검사

11) 루프트한자 항공

- **학 력**: 고졸 이상
- **신 장**: 160cm 이상
- **시력**: 교정시력 1.0 이상
- **나이**: 만 30세 까지
- **기타**: 독일어 능통자 우대
- **거주지**: 프랑크푸르트
- **채용절차**: 서류전형 → 개별면접 및 필기시험 → 신체검사

❑ 저자 약력

정희용

現 배재대학교 항공운항과 조교수
前 대한항공 객실승무원
  한국영상대학교 스튜어디스전공 전임교수

〈저서〉

항공 객실식음료론
예비승무원을 위한 항공기 객실업무론

조주은

現 위덕대학교 항공관광학과 조교수
前 대한항공 객실승무원
  영산대학교 호텔관광학부 항공여행전공 전임교수

〈저서〉

항공기 객실서비스 실무
service procedure에 따른 기내방송
예비승무원을 위한 항공기 객실업무론

항공사 객실승무원 지망생을 위한

Image Making

2016년 3월 2일 인쇄
2016년 3월 5일 발행

저 자 : 정희용, 조주은
발행인 : 이재훈
발행처 : 새로미
기획 · 편집 : 한윤서
서울시 강서구 월정로 30길 69
TEL : (02)523-5903~4
FAX : (02)2693-2437
등록번호 : 제22-2406호
www.seromi.kr
ISBN : 978-89-6476-305-6
가격 : 15,000원

도서출판 새로미